Manfried Fischer
Laurentiustränen

Manfried Fischer

Laurentiustränen

Geschichten aus meinem Leben

Re Di Roma-Verlag

Bibliografische Information der Deutschen Nationalbibliothek:
Die Deutsche Nationalbibliothek verzeichnet diese Publikation in der Deutschen Nationalbibliografie; detaillierte bibliografische Daten sind im Internet über http://dnb.ddb.de abrufbar.

ISBN 978-3-86870-444-0

Umschlagillustration: rachel / photocase.com

www.rediroma-verlag.de
12,95 Euro (D)

Gewidmet meiner wunderbaren Familie
Marianne, Veronica, Stephan, Nicola und Claudia
in großer Freude und Dankbarkeit, mit euch
in so schöner Harmonie leben zu dürfen.

Inhalt

Laurentiustränen

Geschichten aus meinem Leben.

(Statt eines Vorworts)

Als mein Vater etwa so alt war wie ich jetzt, also in der ersten Hälfte des achten Jahrzehnts, schrieb er seine Lebenserinnerungen. Das war damals nicht so ungewöhnlich, ja, häufig zählte diese Beschäftigung zu den letzten wichtigen Aufgaben, die ein ansonsten ja zu nichts mehr verpflichteter Pensionär im Leben noch zu leisten hatte. Es war wohl in vielen Fällen auch ein Ausweis, der damit erbracht werden sollte, dass das bis dahin geführte Leben ein gelungenes oder gar ein bedeutendes gewesen ist.

Im Fall meines Vaters sieht das etwas anders aus.
Er war viel zu uneitel und zu bescheiden, um sich selbst groß reden bzw. schreiben zu müssen. Bei ihm war es vor allem ein lebenslanges Interesse an der Frage: *wo komme ich her*, die ihn veranlasst hatte, auf eigene Faust Ahnenforschung zu betreiben und darüber Aufzeichnungen zu machen, und zwar nicht nur in der Fischer-Linie sondern auch in der Linie seiner Frau Johanna, die eine geborene Hehn war.
Dazu kam sicher auch, dass er in dem Bewusstsein lebte, einer Generation anzugehören, die mit einer aus der damaligen Sicht einmaligen Fülle an umwälzenden Geschehnissen und Entwicklungen auf allen Gebieten innerhalb eines Lebens aufwarten konnte. Und selbst aus unserer Sicht, mit einer vor allem auf technischen Gebiet weiter rasant fortschreitenden Entwicklung, scheint mir seine Einschätzung durchaus Bestand zu haben, denn insgesamt haben wir Heutigen im Ver-

gleich zu der vorausgehenden Generation doch zweifelsfrei ein ruhigeres, friedlicheres, damit allerdings auch weniger ereignisreiches Leben führen dürfen.

Das Beispiel meines Vaters, das er mir mit seinen Lebenserinnerungen gegeben hat, verstehe ich aber zunehmend auch als einen Anstoß, mir jetzt selbst Gedanken zu machen: Was wirst du deinen Nachkommen hinterlassen? Was hast du zu berichten und was könnte sie davon interessieren?
Vom Alter her, ich sagte es schon, wäre ich jetzt wohl dran.

Schon vor einiger Zeit habe ich mich aber anders entschieden. Ich werde seinem Beispiel nicht folgen, zumindest will ich keine „Memoiren“ im althergebrachten Sinn schreiben. Einen Grund dafür habe ich schon genannt: aus meinem Leben ist weit weniger Spektakuläres zu berichten, als aus dem meiner Eltern.
Mehr spaßeshalber habe ich früher schon die Ansicht vertreten, dass Kriege schon deshalb sein müssen und immer wieder sein werden, damit die Männer im Alter etwas haben, von dem sie erzählen können. Wenn ich das auf mich anwende, dann kann ich doch wenigstens mit einem Krieg aufwarten, auch wenn ich diesen schon in meiner Kindheit erlebt habe. Davon gibt es in der Tat einiges zu erzählen, was für die Kinder und Enkel umso interessanter sein wird, da sie selbst keine ähnlichen Erfahrungen haben und auch hoffentlich nie machen werden. Es grenzt meines Erachtens angesichts der bisherigen Menschheitsgeschichte schon an ein Wunder, dass man nach immerhin inzwischen deutlich mehr als sechzig Jahren ohne Krieg heute diese Hoffnung einer weiterhin krieglosen Zukunft zumindest für den mitteleuropäischen Raum aussprechen kann, ohne als Utopist verschrien zu werden!

Allerdings kann ich nichts von eigenen Heldentaten aus dem Krieg selbst berichten, etwa gar noch in Feindesland; darauf kann ich freilich gern verzichten, auch wenn es mir damit möglicherweise etwas an außergewöhnlichem Erzählstoff mangelt. Jedenfalls bin ich sehr froh, dass es mir erspart geblieben ist, tote Soldaten oder auch Zivilisten zu Gesicht bekommen zu haben. Das eine Erlebnis in Ingolstadt, bei dem ich vor einem in einen Acker abgestürzten englischen Militärflugzeug stand und in dem brennenden Wrack auch noch einen englischen Soldaten zu erkennen glaubte, hat mich so geschockt, dass ich bis heute immer wieder von Flugzeugabstürzen und rauchenden Trümmern angstvoll träume.

Es gibt aber noch einen anderen Grund, warum ich „Lebenserinnerungen" von meiner literarischen Speisekarte gestrichen habe: es ist meine Schreiblust.
Das mag nun zunächst paradox klingen, ist es aber nicht. Da mir das Schreiben einfach Spaß macht, sind in den vergangenen Jahren seit meiner Pensionierung und auch schon davor zu verschiedenen Anlässen einige Geschichten aus meinem Leben von mir zu Papier gebracht, aber bisher nicht veröffentlicht worden. Dabei handelt es sich meist um Kurzgeschichten über eigene Erlebnisse und entsprechende Reflektionen dazu, also um eine Kategorie autobiografischer Erzählungen, die allein von Gewicht und Bedeutung nicht oder nur sehr gewaltsam in den Rahmen von Lebenserinnerungen passen würden. Da ich sie aber als Teil meines literarischen Vermächtnisses betrachte, will ich sie nun auch der Öffentlichkeit als eigenständigen Geschichtenband vorlegen.

Allerdings erwies es sich schnell, dass es nicht leicht ist, für eine doch reichlich amorphe Sammlung solcher Geschichten einen Titel zu finden, der so etwas wie einen größten gemeinsamen Nenner darstellt. In dieser Situation kam ich eines Nachts auf die Idee mit den Laurentiustränen.

Ich vermute, dass nicht jeder Leser dieser Zeilen überhaupt weiß, was es mit diesen Laurentiustränen auf sich hat. Dabei sind sie mir seit meiner Kindheit ein fester Begriff, ja mehr: eine zauberhafte Erscheinung, die ich oft mit Spannung erwartet und mit großer Freude genossen habe.
Damit nun nicht jemand im Lexikon nachschauen muss, will ich hier gleich festhalten, was dort steht:
Laurentius, christlicher Märtyrer, Diakon, gest. 10. 8. 258 in Rom. Nach der Legende wurde L. auf einem eisernen Rost verbrannt. Seine Grabkirche, S. Lorenzo fuori le mura, gehört zu den sieben Hauptkirchen Roms.
Und dann steht da noch unter *Laurentiusschwarm, ein Sternschnuppenschwarm.*

Sternschnuppen haben mich schon als Kind magisch angezogen. Es war eines der wunderbarsten Erlebnisse, wenn ich an einem heißen Tag im Sommer etwas länger aufbleiben durfte; denn an Schlaf war dann unter dem Dach unseres Steinebacher Häuschens ohnehin nicht zu denken. Meine Mutter nahm mich dann manchmal mit auf den Steg, von dem aus man den ganzen Himmel und seine Sternenpracht voll überschauen konnte. Auf dem Rücken liegend wartete ich dann auf die Sternschnuppen, die in großer Menge jeweils für ein oder zwei Sekunden aufblitzend ihre Bahn am Himmel zogen und verglühten.

Meine Mutter wusste sehr gut, wann mit so vielen Sternschnuppen zu rechnen war und ich wusste sehr gut, dass ich mir bei jeder einzelnen

etwas wünschen durfte. Denn ein Kind hat ja immer Wünsche! Und bald waren mir die Laurentiustränen, also dieser Sternschnuppenschwarm, der pünktlich zum Festtag des Heiligen den nächtlichen Himmel wie mit Tränen übergießt, ein fester Begriff.
Etwas später spielten die Laurentiustränen in unserer jungen Liebe eine große Rolle. Am Jahrestag dieses Heiligen, der am 10. August, seinem Todestag, gefeiert wird, erlebten Marianne und ich in einer unvergesslichen Nacht den Schnuppenregen auf einem Jäger-Hochstand im Spessart bei Rothenfels zum ersten Mal gemeinsam, und der Wünsche und Küsse gab es da wahrlich übergenug, wir kamen gar nicht so schnell nach, wie die Schnuppen fielen!
In den darauf folgenden sieben harten Jahren der Trennung und des aufeinander Wartens war es uns immer ein Zeichen unserer Liebe, wenn wir ihn, wenn auch von verschiedenen Orten aus, am Himmel aufblitzen sahen. Und ich kann mir durchaus vorstellen, dass es dem Himmel schon manchmal langweilig geworden ist, wenn wir uns immer wieder das Gleiche gewünscht haben, so dass er schließlich gar nicht anders konnte, als unsere Wünsche zu erfüllen...

Jetzt bleibt mir nur noch, den symbolischen Zusammenhang zwischen dieser prächtigen Himmelserscheinung und meinen Erzählungen herzustellen.

Ich denke da in erster Linie an die kurze Zeit des Aufblitzens und Verglühens einer Sternschnuppe, die ein so deutliches Symbol für die Kurzlebigkeit unseres Daseins auf dieser Erde ist. Um wie viel mehr sind dann einzelne Erlebnisse aus diesem Leben, und seien sie für uns selbst noch so bedeutsam, nur eine flüchtige Erscheinung in Raum und Zeit. Immerhin mag aber doch diese kurze Leuchtspur einige Menschen, die sie gesehen und beachtet haben, erfreut und vielleicht

gar innerlich erwärmt haben; ich wünsche und erhoff mir, dass genau dies auch meine kleinen Geschichten bewirken werden, in denen es ja auch fast immer um den Sinn des Geschehens geht.
Dahinter steht dann letztlich die Frage nach dem Zweck unseres Daseins. Meine sehr persönliche Antwort auf diese heikle Frage:
Dazu beitragen zu können:
dass die Evolution weiter geht und näher an ihr für uns unbekanntes Ziel kommt;
dass es in meinem Umkreis ein bisschen menschlicher zugeht als sonst üblich;
dass wenigstens für einige Menschen, mit denen ich in Berührung komme, meine eigene positive Lebenseinstellung als ein glaubwürdiges Beispiel erscheint;
dass letztlich mein eigenes Leben in seiner Liebesspur noch ein Stück weit weiter wirkt.

Dabei sehe ich die Evolution sozusagen als den Schlüssel für Beides: sowohl den Weg der Menschheit vom "unten zum oben" als auch für unseren jeweils individuellen Weg – und wie bei allem, das mit dem Signum der Freiheit ausgestattet ist, gibt es auch bei Beidem das Risiko des Ge- oder Misslingens. Ich gestehe es hier freimütig: vor allem nach der morgendlichen Zeitungslektüre kommen mir oft erhebliche Zweifel, ob das Experiment „homo sapiens" zu einem guten Ende kommen oder sich eines Tages als Sackgasse erweisen wird.

Nach diesen, zugegebenermaßen etwas trockenen Erläuterungen zur Entstehung meines Titels wünsche ich meinen Lesern viel Freude beim Lesen und Betrachten meiner kleinen Sternschnuppen!

Sinnsuche

„Gute, gute Garagale. Sechzehn Uhr."
Es war immer nur dieser eine Satz: „Gute, gute Garagale, sechzehn Uhr." Eigentlich gar kein Satz, nur eine Folge von vier Worten, eines davon, das „gute" in der Regel doppelt. Der Tisch, an dem er saß, stand nur drei Meter seitlich des unseren, und da der Mann deutlich und laut sprach, war kein Irrtum möglich.
„Gute, gute Garagale. Sechzehn Uhr." Er sagte *Garagale,* Betonung auf dem zweiten A. So etwa wie früher der Ruf eines Gemüsehändlers, wenn der seinen rumpelnden Holzkarren durch die Straßen zog: „Schöne, gute Kartoffeln."
Unwillkürlich horchte ich immer wieder hinüber zum Nebentisch, ob der Mann sein seltsames Selbstgespräch nicht doch einmal verändern würde. Nein. Nur dieser eine Satz kam fließend und akzentfrei in steter Wiederholung von seinen Lippen. Eine kleine Pause entstand nur, wenn er zwischendrin einen Bissen von seinem Kuchen in den Mund schob oder einen Schluck aus seiner Kaffeetasse nahm.

Schon als ich mit Marianne die Terrasse vor dem kleinen Cafe betreten hatte und an seinem Tisch vorbeiging, sah ich, dass ein Stück seines Kuchens auf dem Boden lag, wo ein Spatz damit fertig zu werden versuchte. Erst dachte ich, der Mann spräche mit dem Spatz, doch er schien das Vögelchen gar nicht zu bemerken. Sein Blick ging ins Leere. Oder ging er vielleicht in eine innere Welt?
Es könnte ja sein, dachte ich, dass er eine Rede memoriert oder eine Theaterrolle übt, denn er veränderte immer wieder die Betonung, den Sprachduktus, die Pausen, sogar die Gestik. Als ob er herausfinden

wolle, wie dieses Satzfragment am besten auf seine gedachten Zuhörer wirkt. Wenn er dazu gelegentlich seinen Kopf in den Nacken legte und seine Blick schräg nach oben richtete, fing sich die tiefstehende, noch etwas blasse Frühlingssonne in seinen Brillengläsern und erweckte in mir den Eindruck von Erleuchtung, und ich hoffte, in seinen rätselhaften Sprachübungen doch noch einen vernünftigen Sinn finden zu können – denn etwas offensichtlich Sinnloses bringt mich nun einmal leicht aus der Fassung.
Meine Hoffnung aber war vergeblich.
Der Mann war so vertieft in seinen Sermon, dass er offenbar nicht einmal bemerkte, dass der Spatz inzwischen auf seinem Tisch herumhüpfte und immer dreister von seinem Kuchen stahl. Ebenso wenig schien der Fremde auch an seiner Umgebung interessiert zu sein – wir waren jedenfalls sicher nicht sein imaginäres Publikum, denn er schaute auch nicht ein einziges Mal zu uns herüber.

Nach etwa einer halben Stunde winkte er der Kellnerin, bezahlte und ging.
Ja, ganz einfach, wie der normalste Mensch der Welt: er fragte nach der Höhe der Rechnung, nahm den entsprechenden Betrag aus seiner Geldbörse, griff nach einer neben dem Stuhl stehenden Plastiktüte, stand auf und ging grußlos die wenigen Stufen hinunter auf die Straße, und die „gute, gute Garagale“ blieb in der sich schnell abkühlenden Frühlingsluft unerlöst hängen. Ratlosigkeit machte sich bei mir breit.

Auch meine Nachfrage bei der Kellnerin brachte wenig Erhellendes. Sie kenne ihn schon seit einigen Jahren, sagte sie, er sei wohl ein Patient, der jedes Jahr nach Bad Wiessee zur Frühjahrskur käme; er habe halt so einen kleinen Sprung in der Platte, meinte sie.
So weit, so gut, oder auch nicht gut.

Diese Geschichte hat sich schon vor einigen Wochen zugetragen, aber sie hat mich nicht losgelassen, ja sie beschäftigt mich noch immer. Wie schon gesagt: Unaufgelöste, unbeantwortete Fragen sind mir ein Gräuel. Und so suchte ich weiter nach einem befriedigenden Sinn dieser für ihn anscheinend so wichtigen Worte,

Auf der Heimfahrt sann ich allerdings erst einmal über das letzte Wort der Kellnerin nach, die mit dem „Sprung in der Platte“ ein wirklich zutreffendes Bild aus der früheren Schallplattenzeit für die Erklärung dieses Falles gefunden hatte. Wie ist Sprache doch kurzlebig, dachte ich; ist dieses Bild der stereotyp in die alte Rille zurückfallenden Nadel infolge eines Kratzers in der Vinylscheibe heute für die junge Generation überhaupt noch aussagefähig? Wo doch heute die „Di-Dschäihs“ als wahre Plattenartisten den Sprung in der Platte mit großer Geschicklichkeit durch kurzes Stoppen der Platte genau dort erzeugen, wo sie ihn haben wollen, damit dann, um es an einem Beispiel zu verdeutlichen, etwa die „Waldeslu-u-ust“ nach x-maliger Wiederholung schließlich in einem finalen Aufjaulen – oder sollte man besser sagen: Abjaulen? – möglichst dramatisch mitten in der Lu-ust ersterben zu lassen.

Doch zurück zur „Garagale“: Sinn oder Nichtsinn, das ist hier die Frage.

Weitere und immer verwegenere Assoziationen stellten sich ein.

Grabbes „Scherz, Satire, Ironie und tiefere Bedeutung“ kam mir in den Sinn: wo kann da eine tiefere Bedeutung sich verbergen? War vielleicht nur ich so blöd, um diese tiefere Bedeutung in der *Garagale* zu finden?

Von neuem begann die Suche nach dem verborgenen Schatz.

Ob etwa der Sinn in einem Hintersinn zu suchen war, wie z.B. bei Karl Valentin und seinem 30 Zentimeter gelben Entenwurm? Auch Charly Chaplin reihte sich ein in die Bildfolge: kam es etwa auf die stereotype Wiederholung an wie bei seiner unvergesslichen Schraubenschlüssel-Artistik in „Moderne Zeiten"?
Auch wenn diese Bild-Assoziationen nicht „zielführend" waren, so könnte ich mir doch vorstellen, dass beide Künstler ihr helles Entzücken an dem „guten Garagale", das so plötzlich um *sechzehn Uhr* endete, gehabt hätten, wenn sie denn noch lebten.
Die Undrehungsgeschwindigkeit meiner Gedanken- Ketten erhöhte sich noch im nächtlichen, traum-durchwobenen Suchprozess.
Wann führt man Selbstgespräche, überlegte ich. In Berichten von allein reisenden Weltumseglern hatte ich mehrfach gelesen, dass sie schon nach wenigen Wochen anfingen, mit sich selbst zu reden, um mit ihrer Einsamkeit, vielleicht auch ihrer Angst fertig zu werden, und dass diese Gespräche nicht selten zu Wahnvorstellungen führten. Sinn und Wahnsinn, zwei Seiten der gleichen Sache?
Ein weiterer Gedanke schoss mir durch den Kopf. Glich der Mann nicht viel mehr einem Alchimisten, der nahe daran war, die endgültige Welt- und Wahrheitsformel zu entdecken? Würde er nicht auch die schon halb entdeckte Formel immer wieder mantrahaft vor sich hinmurmeln, auch in dem Bewusstsein, dass sie vielleicht doch noch nicht ganz die richtige ist?
Doch spätestens am nächsten Morgen lösten sich alle Hirngespinste weitgehend in Nichts auf. Denn bei kritischer Betrachtung schienen all diese Deutungsversuche doch reichlich verstiegen, allenfalls geeignet als anregende Unterhaltung bei nächtlichem Wachliegen, das ich in Erinnerung an frühere therapeutische Bemühungen bei einem Magengeschwür auch gern als „geistige Rollkur" zu bezeichnen pflege.

Also begnügte ich mich schließlich damit, dass es sich doch recht wahrscheinlich bei dem Wiesseer Frühjahrskur-Patienten um einen mittleren Dachschaden ohne tiefere Bedeutung gehandelt haben wird.

Eine weitere Deutungsmöglichkeit stellte sich aber dann doch etwas später ein, und zwar, wie so oft, nicht durch angestrengtes Suchen sondern eher als plötzlicher Geistesblitz. Genau genommen ist es auch gar keine Erklärung, sondern nur eine Möglichkeit, mit dem Problem umzugehen, was ja auch schon etwas ist. Es war beim abendlichen Fernsehen und dem Nachsinnen über den Gehalt von Politiker-Reden, die ja recht häufig nach dem Motto gestrickt sind: man muss etwas nur oft genug wiederholen, dann wird es – auch wenn es unsinnig ist – schließlich doch geglaubt; da stand plötzlich die dazu passende Chiffre „alles Garagale“ vor meinem geistigen Auge.
Wenn sich also der Eindruck scheinbar bedeutungsvoller Inhaltsleere wieder einmal aufdrängt, wenn mein Verstand wieder einmal beim Verstehenwollen streikt, habe ich jetzt jedenfalls eine recht ergötzliche Definition für diesen leider nicht gar so seltenen Vorgang. Und sie lässt sich zudem ganz einfach und mit vergnüglicher Erleichterung in die neue Schublade ablegen:
Aha, Typ „gute Garagale“.

Und damit lässt sich dann manches leichter ertragen.

Hier könnte nun die Geschichte, auch wenn damit die Sinnsuche nicht eben sehr befriedigend abgeschlossen zu sein scheint, enden. Doch das war sie mitnichten.

Ihre Fortsetzung findet sich in meiner Meditation, die ich als „*Versuch über Engel*“ in das vorliegende Buch mit aufgenommen habe, und zwar im zweiten Kapitel, überschrieben mit „*Garagael**". Der Einfachheit halber bitte ich den geneigten Leser, dort weiter zu lesen. Allerdings kann ich nicht versprechen, dass mit der dort beschriebenen Episode die von mir angezettelte Sinnsuche einen für alle befriedigenden Abschluss nimmt, denn all zu viel bleibt auch dort vage, wird vielleicht sogar als noch verwirrender empfunden. Zumindest sei hier vorsichtshalber schon einmal darauf hingewiesen, dass der Leser sich auf das Betreten der Sphäre des Übersinnlichen gefasst machen muss. Mir als Autor, dem diese Erlebnisse ja passiert sind, ist selbst keineswegs klar, ob und wie weit sie nur die Lust am Spekulieren ins literarische Leben gerufen hat oder ob es sich um ein ernstzunehmendes Aufscheinen eines Geflechts von realen Zusammenhängen handelt, die nur unserem Verstand als „undenkbar" erscheinen. Doch schon andere vor mir verkündeten ja als ihre Lebenserfahrung, „dass es mehr zwischen Himmel und Erde gibt, als unsere Schulweisheit sich träumen lässt".

*) s.S. 116

Traumtänzer

Punta del Hidalgo, zu Deutsch "Spitze des Edlen", liegt im nördlichen Teil der Insel des ewigen Frühlings, wie sich Teneriffa etwas großsprecherisch, aber durchaus zutreffend nennt. Auf welchen Edlen dieser Name zurückgeht, habe ich nicht eindeutig in Erfahrung bringen können. Man sagte mir, viele Ortsbezeichnungen gingen auf die Ureinwohner der Canarischen Inseln, die *Quanchen*, zurück; da aber das Wort *Hidalgo* im Spanischen "Sohn von etwas" bedeutet und als der unterste Adelstitel gilt, dürfte der Name wohl eher auf einen der spanischen Eroberer hindeuten, der sich an diesem schönen Ort niedergelassen hat.

Nun, ich habe nicht erwartet, dass mir ein solcher Edler, gleich welcher Provenienz, über den Weg laufen würde. Aber genauso wenig hätte ich mir träumen lassen, dass mir dort einer der bestgekleideten Männer Teneriffas, ja sogar Deutschlands, und obendrein noch der beste Tänzer der Welt - und dies alles in einer Person - begegnen werde. Doch offenbar können auch ungeträumte Träume wahr werden...

Es war etwa Mitte März. Die Temperaturen sind dann meist schon sehr angenehm, ja gegen Mittag kann die Sonne schon recht kräftig vom Himmel brennen. Deshalb kommen meine Frau Marianne und ich schon seit einigen Jahren um diese Zeit hierher, um dem Winter in Deutschland ein paar Wochen abzutrotzen. Außerdem schwört Marianne auf die therapeutischen Künste von Frank Thelen, denn er besitzt neben seinen goldenen Händen rheinischen, genauer: Kölner Humor, was der Heilung ganz offensichtlich zusätzlichen Auftrieb verschafft.

So hatte ich sie auch heute wieder zu seiner Praxis gebracht und freute mich darauf, an dem kleinen Gartentischchen vor dem Hauseingang eine Stunde mit einer Patience verbringen zu können. Gerade hatte ich die ersten Reihen meiner Karten ausgelegt, da kam von der Straße her ein kleiner, etwas gebrechlich wirkender Mann in den Garten herein. Auch ein Patient, dachte ich nach einem flüchtigen Blick, und spielte weiter. Doch er kam zu mir und fragte mich, ob ich der Bruder von Herrn Thelen sei. Das war an sich noch nichts besonderes, denn der Vater Thelen praktiziert ebenfalls in dem Haus und er ist etwa in meinem Alter; ich konnte also bei oberflächlicher Betrachtung gerade noch als sein Bruder durchgehen. Umgekehrt bemerkte ich bei näherem Hinsehen, dass mein Gegenüber etwas aus dem Rahmen fiel. Bei Patienten, noch dazu, wenn sie nur ein paar Schritte über die Straße zu gehen haben, kann man so manchen seltsamen Aufzug sehen, aber ein Patient, der von oben bis unten in Weiß gekleidet war, ist dann auch dort eine eher seltene Erscheinung. Und es war beileibe kein weißer Bademantel, den er trug, sondern eine weiße Flanellhose, eine weiße Clubjacke, weiße Schuhe und ein weißer Seidenschal, dazu eine weiße Kapitänsmütze.

Nachdem ich ihm versichert hatte, dass ich nicht der Bruder des Herrn Thelen sei und gar nichts mit der Praxis zu tun hätte, kam er noch ein paar Schritte näher und begann mir seinen Lebenslauf zu erzählen; eigentlich war ich daran nicht besonders interessiert; ich hätte gern weitergespielt und gab dies auch zu erkennen, indem ich den Rest meiner Karten auslegte. Doch das irritierte ihn ganz offensichtlich nicht, und so gab ich mir so halbwegs den Anschein eines höflichen Menschen und hörte zu.

So erfuhr ich in einem etwa zehnminütigem Monolog seine Geschichte:

Er lebe schon seit dreißig Jahren in Teneriffa, und zwar im Altagay, einem Appartement-Hochhaus ganz in der Nähe unseres Hotels Oceano. Allerdings nur 9 Monate, die restlichen 3 Monate in Deutschland. Vor dreißig Jahren habe er 50.000.- Mark für sein Appartement bezahlt, heute wäre es das Dreifache wert. Trotzdem sei aber nichts zu bekommen, außer wenn jemand sterbe. Aber er habe sich ja gut gehalten mit seinen dreiundsiebzig Jahren, nicht einmal Falten habe er, nur beim Lachen; ja, er habe noch nicht einmal weiße Haare. Und er sei ja auch der bestangezogene Mann auf ganz Teneriffa, nein, sogar von Deutschland. Zum Siebzigsten habe er sich drei neue Anzüge gekauft, einer um zweitausend Mark. Natürlich in weiß, und dazu einen roten Pullover. Außerdem sei er der beste Tänzer weit und breit, und er tanze leidenschaftlich gern. Jede Woche tanze er auf der Rambla in Puerto Cruz, und alle Leute freuten sich, dass er wieder da sei und spendeten ihm Beifall. Und deshalb sei er auch so beliebt bei den Frauen: achtzig Prozent aller Frauen würden ihn gern heiraten, und er liebe sie alle. Aber er gehe nun nicht mehr mit ihnen ins Bett...

Dieser nur sehr knapp wiedergegebene Inhalt seiner Geschichte wurde von ihm durch entsprechende Beweisführung unterstrichen, etwa indem er die Mütze abnahm oder seine Lachfalten demonstrierte. Seine Altersangabe schien mir allerdings doch etwas fragwürdig, denn sein vermutlich auf ein etwas lockeres Gebiss zurückzuführendes Mümmeln sowie seine ganze Erscheinung deuteten doch eher auf einen Achtzigjährigen hin. Dazu kam, dass seine Erzählung immer grotesker wurde. So berichtete er weit schweifend von seinem letzten Liebesabenteuer, das offenbar durch ein Inserat seinerseits zustande gekom-

men war, und das trotz entsprechender Bemühungen seiner Partnerin für ihn mit einer Niederlage geendet habe - "sie hat wohl ein bisschen zu viel Gleitöl benutzt", vertraute er mir mit einem verschämten Lächeln an. Er habe auch Nacktaufnahmen gemacht und zum Entwickeln gegeben, aber nicht mehr zurückgekriegt.
Aber ein tolles Foto habe er, und er wolle es mir das nächste Mal zeigen, da werde ich staunen.

Nun, ich staunte auch jetzt schon nicht schlecht.
Bei seinem Bericht vor allem über seine sexuellen Erlebnisse war er immer mehr in Erregung geraten, und obwohl er mir schon fast auf dem Schoß saß, hatte seine leicht krächzende Stimme erheblich an Lautstärke zugenommen, so dass die junge Frau Thelen, die nur einige Meter entfernt an der Rezeption saß, herauskam und den Senior, der sich sofort über sie herzumachen begann - anders kann ich seine unzweideutigen Bemerkungen über ihre weiblichen Reize kaum nennen - schließlich hinauswarf. Etwas kleinlaut geworden folgte er der deutlichen Aufforderung und schlürfte mit kleinen, vorsichtigen Schritten hinaus.

Meine Gefühle schwankten zwischen Belustigung, Mitleid und Ratlosigkeit. Während sich Belustigung und Mitleid von alleine verstehen, bedarf die Ratlosigkeit wohl einer Erklärung: was bedeutet diese Begegnung für mich, was will sie mir sagen, so fragte ich mich. Diese Frage wiederum wird erst auf ihrem Hintergrund verständlich: ein Buch, das meine Frau und ich gerade gemeinsam gelesen haben: *Freundschaft mit Gott* von Neal Donald Walsch. Eine seiner zentralen Behauptungen lautet: *Es gibt keine Zufälle im Leben.*

Ich kenne eine ganze Menge Leute, die diese Meinung teilen, und wir haben uns auch schon des Öfteren zu dieser Lebensauffassung bekannt, allerdings doch wohl eher etwas leichtfertig. So ganz überzeugt war zumindest ich von diesem Glaubensbekenntnis noch nicht, da dies in meinem Denkgebäude mit der menschlichen Freiheit nicht in Einklang zu bringen war. Nun aber war dieser Denkprozess durch seine kategorische Behauptung - noch dazu als göttliche Inspiration ausgegeben - erneut in Bewegung geraten und es galt jetzt erstrecht, der Sache auf den Grund zu gehen.

Wenn meine Begegnung mit dem *besten Tänzer der Welt* also kein Zufall gewesen sein sollte, so musste ich herausfinden, was sie für mich zu bedeuten hatte. Natürlich dachte ich zuerst an mein letztes ähnliches Erlebnis mit *Garagale*, das mein erster Versuch war, ein Stück scheinbaren Unsinns literarisch zu verarbeiten, und dessen Ergebnis ein eindeutiges "weiter so" aus dem Freundeskreis war. Sollte es meine Aufgabe sein bzw. werden, solche Begegnungen zu sammeln und auszuwerten, also Unsinn zu deuten, mit Sinn zu unterlegen? Die Vorstellung, mich intensiver schriftstellerisch zu betätigen, war ja schon seit längerer Zeit vorhanden, wobei ich allerdings bisher eher daran gedacht hatte, eigene Lebenserinnerungen zu schreiben.

Die Ratlosigkeit begleitete mich vier Tage.

Dann ereignete sich ein zweiter "Zufall", die Wiederholung der gleichen Begegnung am gleichen Ort unter den gleichen Umständen. Wieder kam ich nicht zu meiner Patience. *Er* kam diesmal schon als alter Bekannter, und ich war auch gar nicht ärgerlich über die Störung in meinem Zeitvertreib, hoffte ich doch auf eine Entschlüsselung meines Zufallsproblems.

Meine Neugier veranlasste mich deshalb auch, mein Gegenüber etwas aufmerksamer zu betrachten.
Wieder trug er weiß, allerdings gemildert durch zwei blaue Streifen an seiner Windjacke. Die Kapitänsmütze ließ auch beim genaueren Hinsehen nicht erkennen, ob und ggf. wo er zur See gefahren sein könnte. Auf meine Frage, wo er sie herhabe, gab er bereitwillig Auskunft, dankbar wohl, dass sich überhaupt jemand für ihn interessierte. Er habe sie schon vor zwanzig Jahren gekauft und trage sie seither ständig; er werde deshalb auch nur *der Kapitän* genannt. Und er sei auch Ko-Kapitän bei der Luftwaffe gewesen, über England abgeschossen worden, in Gefangenschaft geraten und erst 1948 entlassen worden, mit nur noch vierzig Kilo Gewicht. Später sei er zweimal verheiratet gewesen, die erste Frau sei nach dreijähriger Ehe an Magenkrebs gestorben, die zweite ebenfalls nach kurzer Ehe aus dem Fenster des Altagay gesprungen, wegen andauernden Rückenschmerzen. Da habe er geweint wie ein Hund, sagte er, und deutete mit der Rechten in Richtung auf das hinter ihm liegende Hochhaus.

Später hörte ich, dass sich seine Frau tatsächlich auf diese Weise das Leben genommen habe.

Aus der Schilderung seiner Erlebnisse konnte ich eigentlich nicht recht erkennen, ob er nun klar bei Verstand sei oder nicht, und das, obwohl ich mehrfach zurückfragte. Er wusste auch noch recht gut, was er mir schon erzählt hatte und war sogar etwas ungehalten über mein Nachfragen. Nur in einem Punkt hat er sich korrigiert, denn jetzt nannte er dreiundachtzig als sein Alter, was so wohl auch richtig sein konnte. Aber dann kamen wieder die verrückten Geschichten seines Wahns, nur noch verstärkt. Diesmal waren es schon neunzig Prozent aller Frauen, die ihn heiraten möchten, diesmal war er der bestangezo-

gene Mann der Welt, und diesmal erzählte er gar, dass ihn der Herr Lagerfeld auf der Promenade am Meer in Puerto Cruz angesprochen und ihm mit seiner Frau gratuliert habe, weil er noch nie ein so gut gekleidetes Paar gesehen habe, und dass er sofort bei ihm, dem Herrn Lagerfeld, arbeiten könne.
Und mit lachenden Augen tat er kund, dass er nicht rauche, nicht trinke und keinen Sex habe. Er sei gesund, glücklich und genieße das Leben. Und er tanze leidenschaftlich gern. Allerdings, und seine Stimme klang plötzlich wehmütig, allerdings habe er vor kurzem bei einer Tanzveranstaltung in einem Hotel von allen Damen einen Korb bekommen; keine wollte mit ihm tanzen, und - er war dem Weinen nah - so musste er schließlich mit einer der Bedienungen tanzen.
Doch seine Wehmut dauerte nicht lang. Ja, das Tanzen würde ihn fit halten und alt werden lassen, meinte er; er wolle den ältesten Menschen in Teneriffa, der einhundertzehn Jahre alt sei, noch übertreffen; die Leute sagten, er werde bestimmt einhundertfünfzig Jahre alt werden, wenn er so weitermache. Und dann gab er mir noch einen umwerfenden Beweis seiner Rechenkunst: "*dreiundachtzig und siebzehn sind hundert und fünfzig sind siebenundsechzig; dann lade ich Sie zu meinem Geburtstag ein, aber da sind Sie dann ja schon lange tot!*"
Dann erneuerte er wieder sein Versprechen, mir beim nächsten Mal das tolle Foto von seiner letzten Eroberung zu zeigen.

Als er schließlich mit den langsamen kleinen Trippelschritten eines alten Mannes den Weg zur Gartentür entlang schlurfte, zerrann das Bild vom besten Tänzer der Welt in meinen Augen zu einem makabren Zerrbild. Aber ich bin sicher, dass *er* seine Vision weiter in sich trug.

So habe ich nun auch einen Namen für ihn: *mein Traumtänzer.*

Bei meinem Nachsinnen über diese zweite Begegnung kamen mir zwei weitere Botschaften des soeben gelesenen Buches in Erinnerung. Sinngemäß lauten sie:
Jeder Mensch erschafft seine Realität in jedem Augenblick selbst dadurch, dass er sich frei entscheidet, wie er sich zu den Dingen, Ereignissen und Personen stellt.

Und: *Jeder ist Jedem zum Geschenk gegeben.*

War mein Traumtänzer nicht ein überzeugender Beweis für die Richtigkeit dieser Thesen? Die von ihm erschaffene Realität war ganz augenscheinlich stärker als das spöttische Grinsen und Gelächter der Leute. Was in anderen Augen als Hohn gelten mochte, war ihm willkommener Beifall. Er hatte sich nun mal entschieden, der beste Tänzer der Welt zu sein, und daran hielt er unerschütterlich fest. Und so tanzte er in seinem Inneren weiter, nahm das "Unmöglich" seines Körpers schlicht nicht zur Kenntnis. Vielleicht ahnte er, dass er nur noch in seiner Einbildung tanzte, dass er einem Hirngespinst nachjagte, dass er wusste, wie zerbrechlich sein Traum war; aber er gab ihn um keinen Preis auf.

Ich musste an ein unvergessliches eigenes Erlebnis denken, das mir mystische Verzückung im Tanz deutlich gemacht hat: der Tanz der Sufi- Mönche, die in ihren rasenden Drehen eins zu werden schienen mit dem Tanz der ganzen Schöpfung.

Vielleicht mag das weit hergeholt erscheinen angesichts der Erbärmlichkeit meines Traumtänzers, aber ein solcher Einwand ginge an der Sache vorbei. Das, was mir durch ihn als Geschenk gegeben worden war, war ein Denkanstoß, der mich schließlich in der alten Menschheitsfrage nach der Wahrheit zu einer neuen Erkenntnis führte, die zu berichten der eigentliche Grund für die Erzählung dieser Traumtänzer-Geschichte ist.

Also: wenn es richtig sein sollte, dass jeder Mensch seine eigene Wirklichkeit erschafft, dann hat auch jeder seine eigene Wahrheit, was wiederum nichts anderes heißt, als dass jeder eine andere Wahrheit hat. Damit ist die Frage nach der Wahrheit müßig. Daraus wird dann vielleicht verständlich, dass auch Jesus die Frage des Pilatus nach der Wahrheit nicht beantwortet hat. Und damit fällt unser ganzes Gebäude von richtig und falsch in sich zusammen. Wahrheit kann dann bestenfalls verstanden werden als die Summe aller subjektiven Teil-Wahrheiten. Und da das Ganze bekanntlich mehr ist als die Summe aller Teile, so ist die Frage nach der Wahrheit auch damit noch nicht beantwortet. Eine Erkenntnis aber wäre gewonnen:
unsere Vorstellungen von "besser" oder "richtiger" sind einzig und allein aus unserer subjektiven Sicht zulässig; wir sollten diese Worte besser ganz aus unserem Wortschatz streichen und stattdessen sagen: anders.
Ich bin fest davon überzeugt, dass diese Erkenntnis, richtiger: ihre Umsetzung in jeder einzelnen Entscheidung, unser Zusammenleben grundlegend verändern würde, ja vielleicht sogar entscheidend werden würde für das Überleben unserer Spezies.
Denn dann wäre alle Unterschiedlichkeit, alles Trennende aufgehoben im Bewusstsein des größeren Ganzen. Wobei "aufgehoben" wohlverstanden nicht heißt "ausgelöscht" oder gar "ausgemerzt", sondern tolerabel und damit akzeptiert. Alle, die in unserer Sicht anders sind, alle Minderheiten, aber auch jeder einzelne *Andere* könnten sich in der Gemeinschaft aufgehoben fühlen.

Dass diese Erkenntnis nicht ganz neu ist, weiß jeder, der die umwälzenden Ergebnisse der Quantenphysik verfolgt hat. Sie hat ja längst ganz eindeutig festgestellt, dass in jeder Beobachtung ein subjektiver Bestandteil enthalten ist, dass es also Objektivität nicht gibt; anders ausgedrückt, dass der Beobachter durch das Faktum, *dass* er beobachtet, auf das Ergebnis einwirkt.
Doch trotz dieses zweifelsfreien Wissens halten wir immer noch daran fest, dass wir uns auf festem Terrain befinden, dass fest ist, was sich als fest anfühlt. Sind wir nicht auch Traumtänzer?

Nachdem ich diese Geschichte und die sie auslösenden Gedanken schon zu Papier gebracht hatte, ereignete sich noch ein drittes flüchtiges Zusammentreffen mit meinem Traumtänzer; flüchtig bezieht sich dabei auf mich, und zwar im wahrsten Sinn des Wortes.

Ort der Handlung war in diesem Fall die Terrasse vor dem Speisesaal des *Oceano*. Meine Frau und ich wollten uns wie üblich an der Salatbar ein kleines Mittagessen zusammenstellen; es war Sonntag, die Terrasse war schon fast voll besetzt, und es waren auch einige Gäste vom Altagay herübergekommen. So auch der Traumtänzer.
Da er, wie ich inzwischen wusste, Hausverbot im Oceano hatte, flanierte er nur auf dem Weg zwischen den beiden Garteneingängen entlang, erregte aber sofort die Aufmerksamkeit aller Gäste. Das war allein seiner Aufmachung wegen auch kein Wunder, aber es stellte sich außerdem heraus, dass ihn fast alle kannten. Er war wieder ganz in Weiß gekleidet; doch hatte er diesmal statt der Kapitänsmütze, deren schwarzer Rand wenigstens eine kleine Unterbrechung in das sonst durchgehende Weiß brachte, einen weißen Hut auf. Und aus der Brusttasche seines Jacketts lugte keck ein weißes Spitzentüchlein hervor, wie man es wohl vor hundert Jahren zur Hochzeit oder ähnlichen

feierlichen Anlässen getragen hat. Der weiße, freilich nicht mehr fleckenlose Anzug war ihm allerdings viel zu groß, und verstärkte den Eindruck einer etwas seltsamen Vogelscheuche.

Offenbar gab ihm aber die Aufmerksamkeit, die ihm von allen Seiten entgegenkam, mächtigen Auftrieb, denn er spielte seine Rolle des "Kaisers mit den neuen Kleidern" mit großer Begeisterung.
Als er mich erblickte, kam er, auch meine Bewunderung für den "bestgekleideten Mann" erheischend, schnurstracks auf mich zu. Lautstark verkündete er mir und damit auch allen anderen, dass die Heiratskandidatin, die sich auf seine Zeitungsanzeige gemeldet hatte, erneut geschrieben habe, und welch tollen Beruf sie habe. Ich war so verschreckt, dass mein Gedächtnis sich weigerte, diese und weitere Informationen seinerseits aufzunehmen. Alle sensorischen Impulse signalisierten Flucht, und so bugsierte ich Marianne an den einzigen noch freien Tisch, um mich dann durch einen unauffälligen Abgang nach hinten aus der Szene zu verabschieden. Es war mir - ich gebe es zu - einfach peinlich, in dieser Komödie die zweite Hauptrolle zu spielen, wozu er mich aufgrund der Vertrautheit aus den beiden vorausgegangenen Gesprächen ganz sicher genötigt hätte.

So nahm ich mir ausgiebig Zeit, meiner Frau und mir an der Salatbar einen besonders farbenfrohen Teller zu komponieren. Im Spiegel sah ich, dass die weiße Gestalt inzwischen nach links abging, und als ich zu unserem Tisch zurückkam, strebte sie bereits dem unteren Gartentor zu.

Was ich aber verpasst hatte, erfuhr ich von meiner Frau: die sicher nicht sehr zartfühlend geäußerte Aufforderung des Kellners, Haus und Garten sofort zu verlassen, hatte den Traumtänzer keineswegs aus dem Gleichgewicht gebracht; er folgte ihr auch, aber er tat dies tanzend.

Amerikanisches Kaleidoskop

Genau weiß ich es nicht mehr, wann ich als Kind zum ersten Mal so ein Wunderding zu Gesicht bekam, aber ich erinnere mich, dass es uns Kindern verboten war, allein damit zu spielen. Ja es war auch eigentlich gar kein Spielzeug, diese Röhre die uns so magisch anzog, mit der man sich bei jeder Drehung eine bunte Welt in zauberhaften, absolut regelmäßigen Formen neu zusammen rütteln konnte. Und normalerweise lag das Wunderding auch gar nicht in dem uns Kindern zugänglichen Bereich, sondern in der Bibliothek des Vaters meines Freundes Bernhard v. L., die für uns ohnehin eine Tabuzone ersten Ranges darstellte. Die auf der Innenseite mit dicken Teppichen behängte Tür öffnete sich nur sehr selten, und auch dann war wegen der hervorquellenden starken Rauchwolken nicht viel zu erkennen. Wenn man doch einmal Glück hatte und der strenge Herr Baron nicht zuhause war, erlaubte Bernhards Mutter schon einmal, dass wir in die Röhre schauen durften, wobei sie sie sicherheitshalber in der Hand hielt, damit sie nur ja nicht runterfallen konnte und so der frevelhafte Umgang ans Tageslicht käme. Demnach dürfte ich also wohl höchstens vier oder fünf Jahre alt gewesen sein und das Wort *Kaleidoskop* klang für mich genauso fremd wie verführerisch. Aber eines prägte sich mir als besonders bedeutsam ein: es kam von einem Onkel aus Amerika.

Amerika war zu dieser Zeit schon ein Begriff, mit dem ich etwas anfangen konnte. Mein Vater war Zeit seines Lebens sehr stark an Erdkunde und auch Geschichte interessiert und er besaß damals schon einen veritablen Globus, der nicht nur wegen seiner beeindruckenden Ausmaße sondern überhaupt als Erde-Modell auf mich einen großen

Eindruck machte, um so mehr, als mein Vater damit auch mit Sonne, Mond und Sternen für mich erste Vorstellungen von der Welt als Ganzes imaginierte. Gleichzeitig vermittelte er mir durch seine Erzählungen von den Indianern, den ungeheuren Weiten der Wälder und Seen ihres Lebensraumes einen Eindruck der großen Abenteuer, die in diesem Land sozusagen nur darauf warteten erlebt zu werden.
Soweit ist es später dann aber nicht gekommen, denn – ich gestehe es freimütig – ich war nie in Amerika.
Der Grund? Es hat sich schlicht und einfach nicht ergeben und die Neugier auf das Land, aus dem neben manchem Guten doch auch viel Zweifelhaftes zu uns gekommen ist, war nicht groß genug. Dazu kommt, dass ich generell nicht gerne reise, zumindest mag ich lange Flugreisen nicht. Etwas anders hätte die Sache mit dem Schiff ausgesehen, und eine lange Zeit ging ich auch mit der Absicht um, eines Tages auf eigenem Kiel den Törn über den großen Teich zu wagen; aber aus den Berichten vieler Segel-Kollegen war dann doch herauszuhören, dass eine drei- bis vierwöchige Schaukelei auf dem Atlantik recht beachtlich auf den Geist und an die Nerven gehen kann – und dann kommt ja auch noch die Rückreise dazu! Statt des großen Abenteuers habe ich es also vorgezogen, in unserem Heimatrevier, dem Mittelmeer in den ohnehin immer zu kurzen Ferien Genuss-Segeln in der Badehose zu betreiben.

Später wurde es Mode, die USA mit dem Wohnwagen zu bereisen, und etliche meiner Freunde haben dies auch mit unterschiedlichen Ergebnissen getan; da Marianne aber einen echten *Horror Wohn-vacui* mit sich herumschleppt, ließ sich diese alternative Reiseart per Schneckenhaus nicht realisieren.

Und schließlich ist meine jugendliche Begeisterung für das Land der unbegrenzten Möglichkeiten im Lauf der Jahre einer eher skeptischen Einstellung gewichen, die nicht zuletzt auch auf umfangreiche und zugleich unfreiwillige menschliche Kontakte mit den *Amis* zurückzuführen ist, von denen hier im Folgenden die Rede sein soll. Die Bezeichnung „Amis“ war zur damaligen Zeit umgangssprachlich allgemein geläufig, ich verwende sie deshalb hier statt der korrekten Bezeichnung „Amerikaner“.

Das Schwergewicht dieser Begegnungen liegt bei meinen Erlebnissen in den Nachkriegsjahren, genau gesagt zwischen 1945 und 1948, also einerseits in der Übergangszeit von meiner Kindheit in die Jugendzeit, ist andererseits aber auch belastet von der Kriegshypothek, die nur eine sehr zögerliche Entwicklung von Feinden zu Freunden erlaubte. So ist es mehr der Versuch, meine ausgehende Kinderzeit unter einer neuen Überschrift zu schildern und nicht eine sehr ernst zu nehmende Auseinandersetzung mit den Stärken und Schwächen der aus dem Westen zu uns herüber geschwappten Lebensart amerikanischer Prägung.

Insofern scheint mir auch das Bild vom Kaleidoskop recht passend zu sein, in dem es ja auch um eher zufällig zustande kommende Kompositionen scheinbar hübscher, im Grunde aber unscheinbarer Einzelteile geht. Wem ein solches Ding einmal auf den Boden gefallen ist, hat sicher mit ähnlicher Enttäuschung wie ich entdeckt, wie sich belanglose Bruchstücke glänzend zusammen fügen, wenn man nur die passende Optik dazu hat.

Und das ist ja leider nicht nur bei einem Kaleidoskop so.

Der erste Kontakt mit den Amerikanern fiel zwar zeitlich in etwa zusammen mit der Lektüre von *Lederstrumpf, Karl May* und anderen Abenteuergeschichten aus dem Wilden Westen, zeigte aber ein völlig anderes Gesicht. Und er wurde immer mit dem Kuckuck angekündigt.

Wir befanden uns in den letzten beiden Kriegsjahren.
Deutschland hatte in ungeheuerer Selbstüberschätzung auch noch den USA den Krieg erklärt, was meine Eltern nun zu einer offenen Konfrontation mit dem Nazi-Regime trieb, offen freilich nur im Familienkreis; nach außen hin sorgte mein Vater, der in Ingolstadt in einer Munitionsfabrik seinen Dienst tat, bis Kriegsende für äußerst vorsichtige Tarnung dieser besonders von meiner Mutter oft allzu deutlich vertretenen Meinung zu Hitler und seinem verbrecherischen Tun. „Ein Wunder, dass du nicht schon nach Dachau gebracht wurdest", war dann oft seine deutliche Warnung.

Doch zurück zum Kuckuck.
So wie heute in vielen Häusern den ganzen Tag das Fernsehen läuft, so war damals selbstverständlich den ganzen Tag das Radio an, genauer gesagt der „Volksempfänger", ein kleiner schwarzer Kasten, mit dem man auch nur wenige Sender empfangen konnte. Und auf einem dieser Sender kam der Kuckucksruf, der den Einflug der feindlichen Luftstreitkräfte in deutsches Hoheitsgebiet signalisierte. Über ein schachbrettartiges Quadratsystem wurde verschlüsselt durchgegeben, wohin die Bombergeschwader flogen. Man konnte so schon weit vor dem eigentlichen Luftalarm verfolgen, ob örtliche Gefahr drohte oder nicht. München, das wusste man, war in der Regel das Ziel amerikanischer Verbände; die *Amis* waren für uns also der Feind Nummer eins, und wenn sie aus dem Süd-Westen einflogen, herrschte Alarmstufe eins in Bayern und speziell in München. Und es dauerte dann meist

nicht lang, bis wir, wenn wir uns in den Sommermonaten in Steinebach am Wörthsee aufhielten, die wohlgeordneten Geschwader über uns am Himmel hinweg ziehen sahen, ein makabres Schauspiel, das uns die Gänsehaut über den Rücken jagte.

Mit zunehmender Kriegsdauer und dem damit verbundenen Elend in jeder Beziehung, wobei neben dem Hunger vor allem die ständige Angst im Vordergrund zu nennen ist, änderte sich aber ganz langsam unser Feindbild: ein Ende des Schreckens, so viel war uns inzwischen klar, würde erst kommen, wenn das „dritte Reich" endgültig zusammengebrochen sein würde, was natürlich gleichzeitig auch die endgültige Niederlage Deutschlands bedeutete. Aus den gefürchteten Feinden wurden so die ersehnten Befreier, ein Umwandlungsprozess, der sich langsam und fast unbemerkt vollzog.

Dass er sich aber im überwiegenden Teil der Bevölkerung vollzogen hatte, wurde am 30. April 1945 deutlich, als die Amerikaner in München einmarschierten, denn die Menschen standen auf den Straßen und begrüßten die Befreier mehr oder minder deutlich.
Ich sehe mich noch mit vielen anderen auf der Straße stehen, als die endlose Kolonne an Militärfahrzeugen vorbeizog. Da und dort waren weiße Tücher aus den Fenstern gehängt worden und da und dort winkten Frauen und Kinder. Obwohl die Amis ihre Gewehre schussbereit hielten, kam es zu keinerlei militärischer Auseinandersetzung mehr, und verwunderlicher weise hatten die Menschen an den Straßen auch keine Angst, dass noch etwas passieren würde, obwohl es kurz zuvor noch Gerüchte gegeben hatte, München werde „bis zum letzten Blutstropfen verteidigt", wie die so oft gehörte Beschwörungsformel hieß.

Nun waren sie also da, die *Amis.* Der Krieg war damit für uns zu Ende, auch wenn bis zur Kapitulation noch eine weitere Woche verging. Unsere glücklich wiedervereinigte Familie konnte wieder mit Hoffnung und Zuversicht nach vorne schauen. Ein großes Aufatmen begann. Aber es sollten uns noch harte Jahre bevorstehen, bis es wirklich wieder spürbar bergauf ging – vor allem, was den Hunger anbetraf. Doch das will ich hier nicht schildern sondern mich auf das beschränken, was sich an Bruchstücken meines amerikanischen Kaleidoskops in meiner Erinnerung noch erhalten hat.

In den Lebenserinnerungen meiner Mutter findet sich eine eindrucksvolle Beschreibung der Situation nach Kriegsende:
Diese Wochen waren wie das Aufwachen aus einer Narkose nach einer schweren Operation: man ist froh, dass die Operation vorbei ist, aber man ist noch nicht im vollen Bewusstsein ihrer Folgen und schläft, noch müde, wieder ein. Allmählich spürt man Schmerzen und wird sich bewusst, dass man durch die Amputation unwiderruflich zum Krüppel geworden ist. So wurde auch uns von Monat zu Monat immer klarer, wie verheerend die Kriegsfolgen sich für uns auswirkten.

Aus der Sicht eines Zehnjährigen, der ich damals war, sah das Ganze natürlich anders aus: Abenteuer pur, jeden Tag neu, und der Wilde Westen war gleich um die Ecke.
Erst einmal waren die Amis wieder wie vom Erdboden verschwunden. Tage vergingen und die von meinen Eltern erwartete Hausdurchsuchung fand nicht statt. Erst eine Woche später erschien ein Trupp Soldaten, läutete höflich und durchstöberte dann das Haus vom Keller bis zum Speicher. Was sie eigentlich suchten, war nicht ganz klar, aber jedenfalls fanden sie dann etwas: die Uniform meines Vaters hing

samt dem einem Offizier zukommenden Paradedegen noch am Kleiderhaken! Mein Vater war ja drei Wochen vor Kriegsende wegen eines riesigen Furunkels in der Kniekehle vom Stabsarzt in Ingolstadt krank und geh unfähig geschrieben worden und hatte sich deshalb im Beiwagen eines Kradfahrers nach Hause bringen lassen. So entging er seiner Entwaffnung und Gefangennahme. Das unvorstellbar große Glück über diese Schicksalsfügung muss meine Eltern so leichtsinnig gemacht haben, dass sie nicht an die Beseitigung der Uniform gedacht hatten. Jetzt war es zu spät, die Soldaten hatten einen Gefangenen gemacht und wollten meinen Vater gleich mitnehmen. Meine Mutter hat geistesgegenwärtig die Situation richtig eingeschätzt und dadurch gerettet, dass sie den Soldaten die Beutestücke als Souvenir aufdrängte, den Herrn Hauptmann aber für sich behielt. Offenbar war der Besitz von Orden und Uniformstücken des ehemaligen Feindes doch interessanter als seine nachträgliche Gefangennahme, nachdem die Frage des Endsieges ja nun auch schon entschieden war.
Leider gibt es über diese Episode keine Aufzeichnungen meiner Mutter; ich nehme aber mit einiger Sicherheit an, dass sie ihre Erkenntnis nicht unterdrückt hätte, dass die Amis auch nur Menschen seien.

Dafür erwähnt sie, dass man tagsüber ausgehen durfte und nur nachts eine Sperrstunde existierte.

Wir, meine Freunde und ich, taten dies auch ausgiebig, denn die Schule war ja geschlossen und sollte es für uns auch bis Anfang 1946 bleiben. Der schwunghafte Handel mit Kriegserinnerungen in Form von Bombensplittern, Helmen und ähnlichen militärischen Utensilien ebbte langsam ab, niemand interessierte sich auch jetzt noch für die Sammelbilder von Flugzeugen, Panzern, Schlachtschiffen und anderem Kriegsgerät, selbst das bisher gut florierende Interesse an Winterhilfsabzeichen war auf den Nullpunkt gesunken.

Aber dann sprach sich herum, dass die Amis sich in einigen Villen in Solln eingenistet hätten und in den dazugehörigen Gärten ein regelrechtes Biwak betrieben. Da war es: das Abenteuer.
Anfangs umschlichen wir diese Orte des köstlichen Geruchs nach Gulaschsuppe und Kaffee noch etwas schüchtern, stellten aber rasch fest, dass die Amis sehr kinderfreundlich waren und uns mit Schokolade oder anderen Süßigkeiten zu sich heranlockten. Trotz der erheblichen Verständigungsschwierigkeiten – sie verstanden kein Deutsch, wir sprachen kein Englisch – durften wir uns mit an das Feuer setzen und bekamen auch schon einmal eine Tasse Suppe oder ein paar Kekse aus der Dose. Das waren für uns absolute Genüsse! Von Tag zu Tag nahm das gegenseitige Vertrauen zu und jeder von uns konnte bald damit angeben, dass er einen Ami als Freund habe.

Und diese Beziehungen erwiesen sich als durchaus ausbaufähig! Die Amis, die scheinbar alles hatten, waren aber doch interessiert an Wein und Schnaps und soweit wir dies aus den elterlichen Vorräten noch besorgen konnten, tauschten wir sie gegen Kaffee, Zigaretten oder in Ölpapier eingeschweißte Köstlichkeiten, die jeder Soldat als Notfallration besaß. Dazu schleppten wir oft auch Suppenreste oder Kaffee-Ersatz in unseren mitgebrachten Feldgeschirren nach Hause. Das Geschäft blühte und obendrein gab es noch etwas völlig umsonst:
Zigarettenkippen, von uns nur „Hugos" genannt, deren Resttabak sich zu einer neuen Zigarette drehen ließ und sich schnell zu einer neuen Währung entwickelte.

Von diesen vielfältigen geschäftlichen und privaten Abenteuern profitierte auch der schulische Eifer, obwohl es keinen Schulunterricht gab. Unseren Eltern war vielleicht der Einstieg ihrer Kinder in die Geschäftswelt und das Herumstreunen auf der Straße bzw. bei den Amis etwas unheimlich geworden, jedenfalls organisierten sie in dem großen Hause der kinderreichsten Familie eine Art Privatschule, die aber nicht so recht funktionieren wollte – außer in einem Fach: Englisch. Die Lehrerin war eine Jüdin, Charlotte Moor von Weber, die meine Mutter schon während des Krieges immer wieder unterstützt hatte und die auch schon zusammen mit ihrer alten Mutter bei uns das Weihnachtsfest mitgefeiert hatte, ohne dass ich damals wusste, dass sie Jüdin war. Charlo, wie wir sie nannten, war Schriftstellerin und Übersetzerin und verdiente sich später einen bescheidenen Lebensunterhalt als Theaterfotografin; sie war uns, Marianne und mir sowie der heranwachsenden Familie, freundschaftlich bis zu ihrem Tod verbunden. Dank Charlos Unterricht und den dadurch erworbenen Sprachkenntnissen klappte dann auch die Verständigung besser, was „dem Geschäft" natürlich zugute kam. Ich hatte eine Zeit lang einen festen Ami-Freund, der Cherry hieß und im Sollner Headquarter Dienst tat. Höhepunkt war für mich, wenn er mich in seinem offenen Jeep mitnahm, vor allem wenn ich seinen Sack mit schmutziger Wäsche kaum tragen konnte; die Wäsche hat meine Mutter dann im Tausch gegen Lebensmittel und Seife gewaschen und ich durfte den olivgrünen Sack mit der frisch duftenden Wäsche wieder zurückschleppen. Dass diese Dienst-Leistung ihr nicht leicht fiel, deutet sie in ihren Erinnerungen an.

Aber es sollte ihr bzw. uns in dieser Richtung noch mehr abverlangt werden.

Bevor ich darauf zu sprechen komme, scheinen mir doch noch ein paar allgemeine Anmerkungen darüber angebracht, wie sich unsere Umwelt in diesen ersten Jahren nach dem Krieg veränderte. Dabei handelte es sich freilich nicht wie bei einem Kaleidoskop um eine ruckartige Verwandlung, sondern um einen leise schleichenden Prozess.

Das „leise" bezieht sich dabei unter anderem auch auf die Lautstärke des Marschierens. Abgesehen davon, dass ich mich nicht erinnere, die Amis einmal richtig marschieren gesehen zu haben, war ihr normaler Schritt dank ihrer Kreppsohlen fast unhörbar leise, wo wir doch von unseren Soldaten lautes Auftreten oder gar Hakenzusammenschlagen als unverzichtbares Begleitgeräusch zum Hitlergruß gewohnt waren. Das Schleichen hatten die Amis wohl von den Indianern übernommen, während die Lärmentwicklung unseres Militärs vermutlich mehr in das Kapitel der psychologischen Kriegsführung gehört.
Wenn ich jetzt nach über sechzig Jahren zurückdenke, wird mir die in ihrer jeweiligen Erscheinung zum Ausdruck kommende Unterschiedlichkeit in ihrer Einstellung zu Krieg und Kriegshandwerk so recht bewusst. In dem Kapitel *„Opa ein Nazi?"* ist darüber noch mehr zu lesen, ich möchte hier aber auf einen bemerkenswerten Unterschied hinweisen, der mir schon damals auffiel: es ging bei den Amis immer weitgehend unpathetisch zu. Sie waren meist gut aufgelegt, was bei Siegern ja auch nicht ganz verwunderlich ist, sie sangen oft und sie kauten ständig.

Deutschland, so könnte man es auf eine kurze Formel bringen, hatte zwar noch immer nichts zu beißen, aber zunehmend wieder etwas zu kauen. Neben Zigaretten war noch eine Zweitwährung im Umlauf: der Chewinggum der amerikanischen Soldaten. Die Schwäche dafür ist inzwischen wieder deutlich abgeflacht, aber damals gehörte das Kauen bei uns Jugendlichen fast schon zum Image, wobei wir damals dieses Wort noch gar nicht kannten. Allerdings war uns nicht mitgeliefert worden, wie die Entsorgung des klebrigen Rests dieser Leidenschaft zu handhaben ist und ich habe die Amerikaner im Verdacht, dass sie damit auch selbst ein Problem hatten. Ich denke mir, dass vor allem die Wirte auf dieses Mitbringsel der Sieger gerne verzichtet hätten, da sie, wie der berühmte Sisyphus, immer wieder aufs Neue ihre Tische und Stühle mühsam von diesen unappetitlichen Resten befreien mussten.

Ein weiterer Unterschied zwischen Freund und Feind verwischte sich zusehends: der in der Kleidung. Nein, nicht die Bluejeans sind hier gemeint, die kamen erst etwas später über den großen Teich. Zuerst waren es Bestandteile von Uniformen der ehemaligen Feinde, die in sog. PX-Läden erworben werden konnten: vor allem Parkas, Mützen und Stiefel. Bei mir hat sich darüber hinaus eine kakifarbene Skihose, die meine Mutter aus amerikanischem Uniformstoff hatte schneidern lassen, noch jahrelang einer großen Beliebtheit erfreut, denn sie war praktisch unverwüstlich.
Allerdings ist zu sagen, dass das, was die deutsche Bevölkerung nach den langen Jahren des Kriegs noch an Kleidung besaß, oft nur noch die Bezeichnung „Lumpen“ verdiente und deshalb der Zugriff auf den Ersatz aus amerikanischen Heeresbeständen meist aus reiner Not geschah und weniger einem modischen Trend entsprungen sein dürfte.

Doch nun zurück zu einigen ganz speziellen Erscheinungsbildern meines amerikanischen Kaleidoskops, das ganz ohne unser Zutun oder gar Zustimmung weiter durchgeschüttelt wurde. Da meine Mutter in ihren Erinnerungen recht eindrucksvoll über die weitere Entwicklung berichtet hat, will ich sie hier noch einmal zu Wort kommen lassen.

So undurchsichtig das Schicksal Deutschlands war, so undurchsichtig war auch von den ersten Wochen des Jahres 1947 an das Schicksal unseres Hauses. Seit November 1946 war es amtlich bestätigt, dass in Solln viele Häuser von den Amerikanern beschlagnahmt wurden. Wie viele und welche, wusste niemand. Zunächst wurde ganz Solln pauschal beschlagnahmt; man durfte zwar noch in den Häusern wohnen, aber nichts mehr herausnehmen; näheres musste abgewartet werden. Die Ortsausgänge waren von Polizeiposten besetzt, trotzdem versuchte natürlich jeder, seine wertvolle Habe dem Zugriff der Amerikaner zu entziehen. Und so wie man im Krieg manches Wertvolle und auch Notwendige da und dort hin verlagerte, um nach etwaigen Bombenschäden wenigstens noch etwas zu haben, so musste man jetzt sein Eigentum auf gleichen Wegen in ungefährdete Stadtteile schmuggeln. Immer wieder gelang eine gefährliche Sache, man wurde mutiger, räumte mehr aus, bis man vor der bangen Frage stand: „wird man die gähnende Leere des Hauses einer eventuellen amerikanischen Wohnungs-Kommission noch glaubhaft machen können?“ Auch das waren wieder aufregende Wochen und Monate! Wenn nur ein Auto langsam am Haus vorbei fuhr oder gar hielt, glaubte man, sein Schicksal sei nun besiegelt. Ich war zuletzt froh, als am Josefstag 1947 unser Haus besichtigt und auch gleich beschlagnahmt wurde, denn nun hatte man wenigstens Gewissheit. Die Kommission hielt es für möglich, dass wir als Hausbesitzer vielleicht in der Mansarde wohnen bleiben könnten. Bis wir wieder unter allerhand Schwierigkeiten,(da das Geld schon ziemlich entwertet war, und die Leute beim Schwarzhandel mehr verdienten als bei der Arbeit, bekam man kaum Material und Arbeiter – letztere entlohnte ich zusätzlich mit verschiedenen Hausgeräten und

Möbelstücken –) die Mansarde ausgebaut hatten, kam ein Amerikaner, ein Sergeant mit seiner Frau und vereinnahmten das Haus für sich. Der Ami war damit einverstanden, dass wir in der Mansarde wohnen blieben und dafür für Ordnung in Haus und Garten sorgten. So wurden wir zum Hausmeister unseres eigenen Hauses degradiert!

Die Amis waren nett zu uns; er war ein starker Trinker und wir gingen ihm halt möglichst aus dem Weg. Ich glaube nicht, dass sie uns demütigen wollten, aber mir fiel am Anfang das Zusammenleben mit ihnen doch sehr schwer. Am eigenen Leib spürten wir, was es heißt, besiegt zu sein und wie arm wir waren. Die beiden Hunde der Amis hatten mehr und besseres Essen als wir. Mit Tränen in den Augen nahm ich manchmal von den vielen Fleisch- und Knochenabfällen, die die Hunde gar nicht fressen konnten, und machte eine kräftige Suppe für uns daraus.

Allmählich lernten wir uns gegenseitig besser kennen und verstehen, so dass ich die Amis am Heiligen Abend 1947 (6 Monate wohnten wir seither zusammen) zu uns in die Mansarde einlud. Sie sollten unserer Ansicht nach die Deutschen auch von einer anderen Seite als der „Verbrecher-Seite" kennen lernen.
Wie üblich richtete ich das Zimmer recht weihnachtlich, wir kleideten uns festlich und erwarteten die Gäste. Die Frau kam in den Hausschuhen, er hemdsärmlig! Wir ließen uns nicht stören, begingen den Heiligen Abend in der üblichen feierlichen Weise. Anfangs standen die beiden verlegen, er mit den Händen in den Hosentaschen, dabei; allmählich wurden sie scheinbar von unserer weihnachtlichen Stimmung ergriffen, verlegen falteten beide die Hände, die Frau weinte.
Als sie dann nachher auf unserem sehr bescheidenen Gabentisch auch eine Kleinigkeit für sie stehen sahen, waren sie sichtlich gerührt. Er

stürzte aus dem Zimmer und die Treppe hinunter und kam strahlend wieder: Schokolade, Zigaretten und Kaffee, so viel seine großen Hände umfassen konnten, hatte er als Geschenke für uns geholt. Bis wir uns um 11 Uhr zum Gang in die Mitternachtsmette anschickten, blieben sie sitzen und wir hatten den Eindruck, dass dieser Abend, der für uns in gewisser Weise ein Opfer war, bei ihnen zu einem Plus auf dem Konto der Deutschen wurde.

Leider wurde schon zwei Tage darauf der Ami von seiner baldigen Versetzung nach Amerika in Kenntnis gesetzt und wir waren wieder im Ungewissen. So stellten wir uns an Silvester1947 wieder die Frage: was kommt, können wir im Haus bleiben?
Schon Anfang Februar 1948 waren sie für uns leider ungünstig entschieden: das Haus war leer, ein höherer amerikanischer Offizier wollte es beziehen. Er wollte uns erst wohnen lassen. Durch eine Verkettung unglücklicher Umstände kamen wir in den Verdacht, amerikanische Möbel gestohlen zu haben. Und so wurden wir wie Diebe aus unserem Haus gejagt, und so muss ich vorerst das Kapitel „Unser Haus“ auf diese unwürdige Weise beschließen.

In einem Nachtrag erwähnt sie noch, dass sich die Verdächtigungen, deretwegen wir unser Haus verlassen mussten, kurz darauf aufgeklärt haben: die fraglichen Möbel hatte unser Sergeant und Karussellbesitzer, bevor er wieder zurück nach Milwaukee ging, unterschlagen und verkauft. Trotz dieser moralischen Freisprechung kamen wir nicht mehr in das Haus zurück; ich vermute fast, dass meine Eltern auch gar nicht mehr die Lust hatten nach all dem Vorgefallenen.
Jedenfalls beschlossen sie im Jahr 1952 ein neues Haus zu bauen, das wir dann Ende 1952 in Großhesselohe beziehen konnten: die Pulla-

cherstraße 17, womit die amerikanische Episode dann endgültig abgeschlossen war.

Aus eigener Erinnerung an diese turbulente Zeit wäre noch zu erwähnen, dass das Wohnen unter dem Dach in der kleinen Mansarde zusammen mit den Amis, die die beiden unteren Etagen bewohnten, eine doch sehr enge Tuchfühlung bedeutete, denn wir mussten ja täglich mehrmals die gemeinsame Treppe benutzen, also regelmäßig durch ihren Wohnbereich hindurch. Allein das ständige Feuern der zentralen Heizungsanlage im Keller, das weitgehend mir oblag, brachte manche Kontakte auch peinlicher Art mit sich, die ich aber hier übergehen möchte.
Auf der eindeutig positiven Seite aber steht die Tatsache, dass wir in dem Winter 47/48, der sehr kalt war, nicht zu frieren brauchten, denn die Amis liebten es, im Haus überwiegend nur im Unterhemd zu leben, so dass es uns im Dach-Juchhe häufig eher zu warm war.

Da ich nun natürlich kein eigenes Zimmer mehr hatte und auch die Nutzung des Gartens zum Spielen weitgehend entfallen war, verlagerte sich das Geschehen für mich auf eine andere Bühne, die allerdings zu einem guten Teil von den Amerikanern zur Verfügung gestellt wurde und in gewisser Weise das freie Leben in den unendlichen Weiten der amerikanischen Wälder und Seen, von denen ich meine ersten literarischen Eindrücke längst selbst gesammelt hatte, nachzuspielen versuchte: die Pfadfinderei. Diesen wichtigen Abschnitt meiner Jugend möchte ich deshalb noch in das Kaleidoskop mit hinein nehmen, sozusagen als die schöne blaue Blume der Romantik, die wir bei unseren Unternehmungen in der wundervollen Natur unserer Heimat bewusst oder unbewusst zu finden suchten.

Auch wenn Lord Baden-Powell, der „Erfinder“ der Scouts ein Engländer war, für mich kamen die Boy Scouts eindeutig aus Amerika, sozusagen als die Abkömmlinge der Trapper oder gar der Sioux. Fröhlich und unbeschwert kamen sie daher, soweit wir das bei den geringen Kontakten, die wir mit ihnen hatten, sagen konnten. Sie stellten uns alles zur Verfügung, was zum „Auf-Fahrt-gehen“ notwendig ist, Zelte, Feldbetten, Schlafsäcke und Kochgeschirr, und sie brachten uns mit ihren Trucks auch noch in die Berge oder sonst wo hin, und halfen uns gar noch beim Lager-Aufbauen.

Nachdem ich schon bei Kriegsende kurze Zeit in einer Gruppe der MC (Marianische Kongregation) gewesen war, ging ich mit fliegenden Fahnen zu den Pfadfindern über, als die sich in Solln etabliert hatten. Im Hintergrund wirkte dabei meine Mutter tatkräftig mit, was dazu führte, dass ich schon nach zwei Jahren den Stamm St. Johann Baptist Solln allein weiterführte, nachdem der ursprünglich angetretene Freund Michael Kobler wegen des Beginns seines Studiums abtrat. Sie hatte, wie bei vielen anderen Gelegenheiten, vollstes Vertrauen, dass ihr Sohn das schon hinbekäme – sie hat mich zwar immer zu größter Bescheidenheit angeleitet, aber gleichzeitig ein Leistungsvermögen vorausgesetzt, das manchmal meine Kräfte zu überfordern drohte.

Leider ist es nicht bei dem fröhlichen „Indianerspielen“ amerikanischer Prägung geblieben, denn in Deutschland hat man auf das Pfadfinderross flugs noch den Heiligen Georg draufgesattelt, der zwar als der legendäre Drachentöter ein gehöriges Moralpotential mitbrachte, aber gerade deswegen doch auch auf das fröhliche Treiben manchen harten „katholischen Schatten“ warf.

Trotzdem habe ich in meiner Pfadfinder-Laufbahn, die erst mit meiner Hochzeit endete, viel Schönes erlebt und vor allem viel gelernt, was ich im Leben und speziell im Beruf gut brauchen konnte. Ich bin sehr sicher, dass ich es ohne diese Schule des Lebens nicht annähernd so weit gebracht hätte.

Und nun zum Schluss meiner Geschichte, wie wir das in der Deutschstunde gelernt haben, noch ein „überraschender Gedanke“: ich war, entgegen meiner anfänglichen Behauptung, doch einmal in Amerika. Ausweislich meines letzten Reisepasses gibt es eine Einreise in die USA und auch eine Ausreise. Dazwischen liegen allerdings nur zwei Stunden. Es war auf unserer Reise nach Costa Rica Anfang 2004. Von Frankfurt aus gab es nur zwei Möglichkeiten, mit einer Zwischenlandung nach San Josè zu kommen, entweder über Cuba oder über Amerika; wir entschieden uns für die Stadt, die sozusagen schon mit ihrem Namen zu einer Zwischenlandung einlädt: Orlando.
Dort haben wir dann unseren Fuß zum ersten und einzigen Mal auf amerikanischen Boden gesetzt, und es war alles andere als angenehm. Der 11.9.01 lag erst kurz zurück und die Amerikaner schienen schlicht die Hosen voll zu haben, jedenfalls wenn man von der Rigorosität ihrer Einreise-Bestimmungen ausgeht. Wir wurden behandelt wie potentielle Terroristen, gerade dass es ohne Leibesvisitation abging, die Schuhe mussten wir allerdings ausziehen – und das alles für zwei Stunden! Wir waren froh, als wir wieder in unsere Maschine einsteigen und weiterfliegen konnten.

Mir ist klar, dass an diesem unschönen Erlebnis kein Urteil über Amerika festgemacht werden sollte, und ich tue dies auch nicht. Aber irgendwie passt dann doch auch dieses bruchstückhafte Bild in den Kontext meines Kaleidoskops, dessen immer schöner Schein sich bei genauerem Hinsehen nur allzu schnell in recht unvollkommene Bestandteile auflöst.

Einen Gedanken möchte ich aber zum Thema Kaleidoskop noch in den Raum stellen.

Als Humanist habe ich gelernt, dass dieses griechische Wort „schöne Bilder schauen“ bedeutet, was ja exakt das wiedergibt, was beim Durchschauen dieser Röhre geschieht. Hinter dem Vexierspiel steht bekanntlich ein optischer Trick, aber dahinter steckt auch ein Symbol für eine Sichtweise: eine „schöne“, eine optimistische Sichtweise. Wie wir alle die an uns unablässig vorüber ziehenden Bilder betrachten, ist ja weitgehend von unserer jeweiligen Stimmung abhängig; das heißt, ein und dasselbe Bild kann recht unterschiedlich auf uns wirken, einmal heiter, einmal langweilig, einmal gar traurig. Dass wir in der Lage sind, unsere Sichtweise zu verändern, steht wohl außer Zweifel. Sollten wir nicht versuchen, dem Gebrauch des Kaleidoskops die Fähigkeit abzugewinnen, zunächst unerfreuliche Bilder ein wenig zu schütteln, bis sie sich vor unseren Augen verwandeln? Sicher, ein Taschenspielertrick, werden viele sagen. Das ist vordergründig sicher auch richtig. Aber wer über den Einfluss der Bilderwelt auf unser Leben nachdenkt und den Mut aufbringt, das Kaleidoskop gelegentlich zu drehen, gelangt vielleicht zu einem anderen, hintergründigeren Ergebnis…

Indianer entkommt Hitlerjugend

Auch während der ersten Kriegsjahre war „Indianer-Spielen" unsere liebste Beschäftigung. Mit „uns" sind alle meine damaligen Klassenkameraden, soweit sie auch meine Freunde waren, gemeint. Damals waren Buben und Mädchen in der Schule streng getrennt, dementsprechend waren natürlich auch meine Freunde alle Jungens. Eine Ausnahme machte nur Heidi, die kleinere Schwester meines Freundes Bernhard von L.; sie war festes Mitglied in unserer Sandkasten-Spielgemeinschaft und insofern als Indianer-Squaw geduldet. Hartnäckig hielt sich übrigens damals das Gerücht, dass ich sie eines Tages heiraten würde, doch daraus wurde nichts.
Indianer sein hieß natürlich, in die Weite des wilden Westens, seiner Prärien und Wälder auf zu brechen. Damals gab es zwischen Obersendling und Solln noch ein kleines Wäldchen und eine große Wiese, wo der Schäfer seine Herde weidete. Dies musste als wilder Westen für unseren Stamm der Irokesen herhalten und tat es auch eine Zeit lang. Aber unser wilder Westen war ganz plötzlich vom „weißen Mann" bedroht, der sozusagen über Nacht damit begonnen hatte, das Wäldchen abzuholzen. Als wir in Indianertracht anrückten, waren schon viele Bäume gefällt und der Lärm der Sägen erfüllte den Schauplatz unserer Abenteuer. Da ein Kampf gegen die bewaffnete Übermacht aussichtslos war und weil es inzwischen an Bäumen fehlte, die als Marterpfahl hätten dienen können, nutzten wir die frisch gefällten Bäume zu einem anderen Spiel: dem Schaukeln.
Das war freilich kein Schaukeln wie auf einer Kinderschaukel, unsere Geräte waren vielmehr übereinander gefallene Stämme, die eine wunderbare Wippe abgaben und uns ein weit attraktiveres Schaukeln er-

möglichten als zuhause auf der Garten-Schaukel; es war aber auch weitaus gefährlicher. Und so kam es, wie es kommen musste: der Stamm, auf dem ich saß, schnellte federnd in die Höhe, ich konnte mich nicht festhalten und wurde wie von einem wilden Hengst abgeworfen. Ich denke, dass mein Schutzengel alle Hände voll zu tun hatte, um den auf mich nieder sausenden Stamm so weit abzulenken, dass er mich nicht voll traf sondern lediglich mein Gesicht streifte; aber mein linker Arm wurde mit voller Wucht getroffen und der Ellbogen zerschmettert.

Irgendwelche Erwachsenen, vermutlich die Waldarbeiter, trugen mich blutüberströmten Jungen auf der Schulter heim zu meiner Mutter, und ich nehme an, dass ich mich dabei nicht sehr nach der Losung verhalten habe: der Indianer kennt keinen Schmerz. Immerhin konnte ich mich nun auch ohne Federschmuck als Rothaut ausweisen. Dass meine Mutter einen kräftigen Schock erlitten hat, lässt sich denken.

Die nächsten Wochen und Monate sind mir noch sehr deutlich in Erinnerung, sie stellen auch eine recht eindrucksvolle Gemengelage zwischen dem Kriegsgeschehen, das sich immer stärker auch an die sogenannte Heimatfront verlagerte, und meiner persönlichen Krankheitsgeschichte dar, weshalb ich sie hier noch etwas ausführlicher schildern möchte.

Während die für die starken Blutungen verantwortlichen Gesichtsverletzungen bald abgeheilt waren und lediglich an der Oberlippe einen kleinen Schönheitsfehler fürs Leben zurückließen, hatte es den Arm wirklich böse erwischt. Zunächst bekam ich ein monströses Drahtgestell verpasst, auf dem der Arm ruhig gestellt war. Prof. Lange, der seine immer überfüllte Praxis in der Sohnkestraße in München-Solln hatte, bei dem ich neben vielen verwundeten, ja mehr oder weniger zerschossenen Soldaten in Behandlung war, wollte erst operieren,

wenn die Schwellung und Entzündung der Wunde zurückgegangen sein würden, und das dauerte einige Wochen.
Bis dahin lernte ich das Leben als Einarmiger kennen. Ich hatte zwar schulfrei, konnte aber nicht allzu viel damit anfangen. Viele Stunden meiner Freizeit verbrachte ich im Wartezimmer bei Prof. Lange, sowohl vor als auch nach der Operation. Diese fand im Karolinum in der Kaulbachstraße statt, also in der Innenstadt. Während meines mehrwöchigen Aufenthalts dort erlebte ich meine schrecklichsten und angstvollsten Momente des Kriegs. Jede Nacht und oft auch am Tag heulten die Sirenen und Patienten wie Krankenhauspersonal suchten, so weit sie es auf eigenen Beinen vermochten, so schnell wie möglich den großen Luftschutzkeller des Krankenhauses auf. Schwerkranke wurden samt Betten als erste evakuiert, und zuletzt kamen die Frischoperierten samt der ganzen OP-Mannschaft. Noch heute meine ich den Äthergeruch, den sie mitbrachten und der den ganzen Keller durchströmte, zu riechen und das Röcheln der oft noch narkotisierten Patienten zu hören. Wenn dann die Bomben fielen und die ganze Erde bebte, ja in ein seltsames Schwimmen geriet, kamen die Angstschreie der zusammengepferchten Menschen dazu und die äther- und schweißgetränkte Luft schien für Momente im Hals stecken zu bleiben. Oft ging auch noch das Licht aus und es dauerte eine Weile, bis es von den hauseigenen Generatoren wieder ersetzt werden konnte. Nach so einem apokalyptischen Erlebnis war es dann wie ein Wunder, wenn wieder ein einigermaßen normaler Tag anbrach und ich in der Hauskapelle bei der Morgenmesse ministrieren durfte, wobei es nicht ganz einfach war, mit einer Hand die Kännchen mit Wein und Wasser zu jonglieren.

Wieder aus dem Krankenhaus entlassen, oder besser: entkommen, gab es dann Momente, wo ich das einen neuen Angriff ankündigende Sirenengeheul sozusagen jubilierend quittierte, da es mich von einer für mich noch viel qualvolleren Prozedur befreite. Diese bestand darin, dass ich regelmäßig zu Dr. Kaufmann in die Praxis gehen musste, der wegen der Überlastung von Prof. Lange die Aufgabe übernommen hatte, meinen vorübergehend absolut steifen Arm durch kraftvolles Bewegen wieder gebrauchsfähig zu machen. Dies geschah in der Weise, dass ich den steifen Arm über die Lehne eines Ledersofas, auf der ich saß, legen musste, so dass der Arzt, ein kräftiger Zweizentnermann, mit seinem ganzen Gewicht daran „nackeln" konnte. Diese Tortur trieb mir regelmäßig die Tränen in die Augen, auch wenn ich mir noch so sehr vornahm, tapfer wie Winnetou zu sein; so ist es vielleicht verzeihlich, dass mir selbst ein Luftalarm willkommen war, wenn ich statt zu der Praxis von Dr. Kaufmann schnell zurück zu unserem eigenen Luftschutzkeller rennen konnte.

Nach einigen Monaten war der so einigermaßen mit Hilfe eines Silberdrahtes zusammengeflickte Arm wieder in seiner Urform hergestellt, aber er ist seither in seiner Funktion nur noch halb tauglich, oder andersherum: halb steif.

Meine mit praktischer Vernunft begabte Mutter fand aber schnell heraus, dass die bleibenden Folgen unseres Indianerspiels auch eine gute Seite habe: ich entkam zunächst einmal der Hitlerjugend, die auch Mitte des Jahres 1944 noch eifrig Pimpfe zum ersten Dienst für den Führer zusammentrommelte. Außerdem glaubte sie fest daran, dass mich der steife Arm auch für den Dienst mit der Waffe untauglich machen würde, wenn es einmal dazu kommen sollte. „Immer noch besser, ein Krüppel zu sein und zu leben, statt als Kanonenfutter an die Front", war ihre feste Ansicht, auch wenn diese für mich nicht gerade ermutigend war. Glücklicherweise kam es aber nie dazu, dass ich zu einer Musterung meiner Kriegstauglichkeit einberufen wurde, da mein Jahrgang zu den sogenannten „weißen Jahrgängen" gehört und deshalb generell vom Kriegs- bzw. Ersatzdienst befreit wurde. Dahinter stand wohl der Gedanke, dass die Kinder dieser Jahrgänge im letzten Krieg schon genug gelitten hätten und deshalb bei dem Aufbau der Bundeswehr verschont werden sollten, einen Gedanken unserer Politiker, den ich stets als außerordentlich weise und lobenswert empfand.

Das Wunder des reichen Fischfangs

Es dürfte im Sommer des Jahres 1944 gewesen sein, in dem die feindlichen Bombergeschwader häufig auf ihrem Anflug nach München am helllichten Tag von Westen kommend über den Wörthsee hinweg flogen. Wir standen dann meist, vom „Kuckucksruf" im Radio vorgewarnt, auf unserer Terrasse und sahen mit bangem Herzen dieser gigantischen Flugschau zu: 80, 100 und mehr der in der Sonne hell glänzenden viermotorigen Bomber zogen in wohlgeordneter Formation hoch oben am Himmel über unsere Köpfe hinweg, meist ungestört von unserer deutschen Luftwaffe. Erst ca. 15 km hinter Steinebach war bei dem kleinen Flugplatz Oberpfaffenhofen eine Flak postiert, die ihre kleinen weißen Wölkchen zwischen die Bomber setzte, aber nie traf und den Aufmarsch der Geschwader nicht zu beeindrucken schien.

Doch plötzlich mischte sich in das gleichmäßige Dröhnen der Motoren ein hoher Pfeifton, der schnell lauter und durchdringender wurde. Nach wenigen Augenblicken ging das Pfeifen in ein durch Mark und Bein gehendes Jaulen über. Meine Mutter packte mich – oder auch ich sie, so genau weiß ich das nicht mehr – und instinktiv warfen wir uns im Schutz einer kleinen Kommode auf den Boden. Dann krachte es auch schon zwei, drei mal ganz fürchterlich; danach war es ganz still, beklemmend still.

Als wir uns wieder auf den Balkon wagten, war weit und breit nichts zu sehen und zu hören. Die Bomber waren längst in Richtung München verschwunden und auch die Flak hatte ihr Abwehrfeuer eingestellt. Der See glänzte ruhig und friedlich in der Mittagsonne. Wir suchten ihn nach allen Richtungen mit den Augen ab, denn wir vermuteten, dass die Bomben irgendwo in den See eingeschlagen sein mussten. Tatsächlich rollten nach kurzer Zeit einige Wellen an den Strand und bestätigten damit unsere Vermutung. Sonst war nichts Auffälliges zu beobachten und gar mit einem wunderbaren Ereignis rechneten wir am allerwenigsten; wir waren froh und dankbar, dass wir mit dem Schreck davongekommen waren.

Wenig später veränderte der See sein Gesicht: er glänzte jetzt nicht nur in der Sonne, er glänzte eindeutig silbern, und zwar genau gegenüber unserem Haus in Richtung Insel.

„Das müssen tote Fische sein!" rief meine Mutter, und schon zog sie mich mit schnellen Schritten zum Bootshaus hinunter. Rasch hatte ich begriffen, was zu tun war: das Boot klarmachen, noch eben einen Eimer und einen Kescher hinein werfen und dann so schnell wie möglich zum Silbersegen bei der Insel rudern.

Im Rudern waren wir ein gutes Team und hatten ein gutes Boot mit vier Rudern, und so waren wir die ersten auf dem riesigen Selbstbedienungs-Fischmarkt; aber auch andere hatten den Vorgang offenbar bemerkt, denn es näherten sich von allen Seiten Boote, doch bis sie eintrafen, hatten wir unser Boot schon ganz schön gefüllt. Mit unserer professionellen Ausrüstung war das auch kein Wunder, denn wer ohne Kescher einen glitschigen Fisch aus dem Wasser ziehen muss, hat da so seine liebe Not damit. Es waren überwiegend Renken, die sonst mit der Angel gar nicht zu bekommen sind, aber auch alle anderen Arten, einschließlich großer Raubfische, Hechte und Zander.

Plötzlich signalisierte ein leises Brummen, dass sich ein Motorboot näherte. Und da es nur ein Motorboot am See gab, wusste jeder, dass es nur der Fischer Dellinger sein konnte, der das Fischrecht am See hatte und in Walchstatt wohnte, also fast genau gegenüber von uns. Dementsprechend preschte er auch von der anderen Seite an das Ge-

tümmel heran und verlangte von jedem Boot die schon erbeuteten Fische zurück, die ja sein Eigentum waren.
Wieder schaltete meine Mutter schnell und mit Maximalgeschwindigkeit ruderten wir in unser Bootshaus zurück, warfen dort die größten Fische aus dem Kahn, kippten dazu den Eimer mit Renken halb aus und begaben uns dann langsam wieder hinaus zum inzwischen weitgehend abgeräumten Silbersee.
Als der Fischer dann zu uns kam und unsere (Rest-)Beute sah, wollte er die paar Renken, die noch im Eimer waren, gar nicht haben und sagte generös: „Does Kloazeig kennts b'halten!"; vermutlich hat er den triumphierenden Blick meiner Mutter nicht gesehen, als wir daraufhin abdrehten und gemächlich nachhause ruderten.
Bei Einbruch der Dunkelheit sind wir dann noch einmal ein bisschen herumgerudert und haben, nicht weit von unserem Haus entfernt, noch ein paar kapitale Burschen gefunden und ins Boot gehievt. „Fischsatt" hieß dann die Losung in den nächsten Tagen, ja Wochen, es gab Fisch in jeder erdenklichen Form, und das nicht nur bei uns sondern auch bei unseren Freunden; hungrige Mäuler zu finden war ja damals weiß Gott nicht schwer.

Natürlich wusste meine Mutter, dass wir Mundraub begangen hatten, aber konnte, ja durfte man ein Geschenk des Himmels so einfach abweisen? Es sah mir jedenfalls bei späteren Erzählungen dieses Erlebnisses nicht danach aus, als ob sie unter allzu großen Gewissensbissen litte. Wenn man sie vorsichtig darauf ansprach, meinte sie fast entrüstet, wir würden dem Fischer schon seit vielen Jahren für unsere Fischkarte ohnehin so viel Geld zahlen, dafür aber nur ein paar kleine Schwänzchen herausholen, da wäre eine anständige Beute jetzt endlich einmal ein gerechter Ausgleich.

Todesröcheln in der Waschküche

Es gab einmal eine Zeit, in der war eine Waschmaschine noch etwas völlig Unbekanntes; statt dessen hatte jedes ordentliche Haus eine Waschküche. Sie lag in der Regel im Keller und diente, wie der Name schon sagt, zum Kochen der Wäsche. Ja, es war richtiges Kochen, nicht nur 40 oder 60 Grad. Am Waschtag verschwand meine Mutter in einer dunkellachsroten Gummischürze morgens darin, und bald waberten dicke Dampfschwaden durch den Keller, dass man so gut wie nichts mehr sehen konnte. Vielleicht erscholl einmal ein Ruf wie „Ich brauche noch Feuerholz/Kohlen!“, dann sah ich sie kurz aus den Wolken auftauchen, die zunächst ordentlich unter einem karierten Kopftuch verborgenen Harre hingen ihr dann wild in die Stirn und ihr Atem ging heftig wie eben bei körperlicher Anstrengung. In dem Bottich brodelte es, heißer Dampf schlug mir entgegen und ich wunderte mich, wie man das aushalten konnte. Zu den wichtigen Utensilien in der Waschküche gehörte auch ein Waschbrett, wie es wohl auch in New Orleans von den Jazzern verwendet wurde und ein Riesen-Kochlöffel, den man gut und gern im dreißig jährigen Krieg unter die gefährlichen Waffen gezählt hätte. Für mich war das Ganze ein Ort, wo man sich möglichst schnell entfernte.

So gegen Abend des Waschtags, wenn sich die heißen Dämpfe so einigermaßen verzogen hatten, erfüllte die Waschküche aber noch eine andere wichtige Funktion: der Familien-Badetag stand an. Dazu wurde die in der Waschküche stehende große Zink-Badewanne verwendet, in der zuvor die Wäsche gespült worden und das Wasser noch stark seifenhaltig war. Durch Zugabe heißen Wassers aus dem Bottich mittels einem hölzernen Scheffel wurde eine badegerechte Temperatur hergestellt oder das, was meine immer noch mit Gummischürze bewaffnete Mutter dafür hielt; Empfindlichkeiten in diesem Punkt haben sie ohnehin nicht besonders beeindruckt. Nach meiner Erinnerung lag über der ganzen Szene eine aufgeheizte, kämpferische Atmosphäre, die wenig Raum für wirkliche Entspannung bot – Entlein oder Schifferl jedenfalls gehörten nicht zum Badevergnügen. Am Rande sei erwähnt, dass ich zwar nicht eine Badehose anziehen musste, dass ich aber doch während des Badens, dem Beispiel meines Vaters folgend, für eine züchtige Bedeckung meiner durchaus noch unbedeutenden Blöße mittels eines Waschlappens zu sorgen hatte.

Die Waschküche hatte natürlich auch einen Gully, durch den die Wasserfluten abfließen konnten. Dieser Umstand prädestinierte sie auch noch für eine ganz andere Verwendung, auf die ich gleich zu sprechen komme.

Zunächst muss ich den Erzählfaden aber an einer ganz anderen Stelle aufnehmen, nämlich bei dem schon mehrfach strapazierten Stichwort „Hunger".

Es wird wohl im ersten oder zweiten Jahr nach Kriegsende gewesen sein, also zur Zeit des größten Hungers, als sich wie ein Lauffeuer die schier unglaubliche Kunde verbreitete: der Sollner Schäfer verkauft morgen seine Herde, und zwar einzeln! Es hieß, dass sich der Bestand in jeder Nacht durch dreisten Diebstahl um einige Tiere verringere und er deshalb den Rest der Herde zu Geld machen wolle.

Natürlich waren wir schon ganz früh auf den Beinen und pilgerten zu der großen Wiese zwischen Sendling und Solln, die sich einige Jahre später in einen blühenden Siemens-Standort verwandeln sollte, damals aber eben noch der Herde unseres Schäfers und Düngerlieferanten als Weideland diente.

Wieder bewährte sich eines der Lieblingssprichwörter meiner Mutter von dem „Gold im Munde der Morgenstund", denn wir waren unter den ersten in einer ständig länger werdenden Schlange. Und als der Schäfer dann einen ersten jungen Hammel ausrief, zögerte sie nicht lange und griff zu. Sie hat die Szene selbst in ihrem Buch *„Haus Hackländerstraße"* geschildert, deshalb kenne ich ihre Überlegungen, die darauf hinausliefen, dass wir mit einem ausgewachsenen Tier gar nicht fertig werden würden, weder beim Schlachten noch beim Essen.
Wie sich schnell zeigen sollte, lag sie damit auch absolut richtig, denn schon das Abtransportieren stellte sich als nahezu unlösbares Problem heraus: das Tier wollte unbedingt wieder zurück zur Herde, unser Strick und auch unsere Kräfte, es gegen seinen Willen in die entgegen gesetzte Richtung zu zerren, erwiesen sich als zu schwach und der Hammel entkam uns noch vor dem Erreichen unseres Hauses. Ich musste lernen, dass so ein blödes Schaf (nach meiner damaligen Wertschätzung) zumindest schnell und vor allem ausdauernd rennen kann, so dass ich größte Mühe hatte, ihm auf den Fersen zu bleiben.
Immerhin bekamen wir vom Schäfer eine zweite Chance und schafften es dann doch irgendwie, das inzwischen wohl etwas erschöpfte Tier in den Holzschuppen im Garten zu bugsieren und die Tür zu verrammeln. Der Hammel rammelte jetzt von innen dagegen.
Damit war aber erst ein Teil der Aufgabe erledigt, denn wir hätten ihn natürlich möglichst schnell im Topf schmoren sehen. Dazwischen aber lag noch ein gewaltiger Kraftakt, und zwar mehr psychischer als physischer Art: das Umbringen des Tieres. Es war klar, dass diesen Akt nur unser Nachbar Kennerknecht vollbringen könnte. Und er konnte! Ich durfte dabei allerdings nicht zusehen, vielleicht wollte ich es auch nicht.

Um das wenig ergötzliche Thema kurz zu machen: nach einiger Zeit, ausgefüllt mit einer Kakophonie grässlicher Geräusche, war die Angelegenheit, für die mir kein adäquates Eigenschaftswort einfällt, dann doch glücklich, jedenfalls für uns, beendet. Ob ich das Todesröcheln des Hammels aus der Waschküche wirklich gehört habe oder es mir nur einbildete, vermag ich nicht mit Sicherheit zu sagen. So oder so: es verfolgte mich noch eine Zeit lang, hatte aber keine ernsthafteren Auswirkungen auf meinen Appetit, als es dann einige Tage lang köstlichen Lammbraten gab.

Opa, ein Nazi ?

Betrachtungen zum Militarismus am Beispiel meiner Familie.

Seit einigen Jahren drängt ein Thema mit unerwarteter Heftigkeit an die Oberfläche der öffentlichen Diskussion: die Nazizeit und die Rolle, die der Einzelne darin gespielt hat. Während dieses Thema in scheinbar stiller Übereinkunft nach dem Ende des dritten Reiches von den meisten Autoren, die über ihre Lebensgeschichte oder die ihrer Angehörigen berichteten, mehr oder weniger tabuisiert war, scheint der Bann dieses Tabus plötzlich gebrochen; und so beschäftigen sich etwa seit Beginn des 21sten Jahrhunderts zahlreiche Bücher und Filme im Sinn einer späten Vergangenheitsbewältigung mit den persönlichen Erlebnissen in diesem dunkelsten Kapitel der deutschen Geschichte, wobei oft auch überraschende Fakten ans Tageslicht kommen oder gar späte Bekenntnisse abgelegt werden.

Die Gründe für dieses Phänomen sind sicher vielfältig. Nicht selten wird dabei wohl ein schlechtes Gewissen eine Rolle spielen, der Wunsch, die bisher gut gehütete Lebenslüge noch zu Lebzeiten loswerden zu wollen, wie das offenkundig im Fall Günter Grass der Fall war.

Gelegentlich hat auch der Fund alter Briefe oder anderer Dokumente den Anstoß gegeben, sich mit der familiären Vergangenheit zu beschäftigen, wie bei den Büchern von Wibke Bruhns, *Meines Vaters Land,* oder von Gisela Heidenreich, die auf diese Weise entdecken musste, dass sie als Lebensborn-Kind auf die Welt gekommen ist.

Oft sind es auch die Kinder und manchmal schon die Enkel, die einfach wissen wollen, wie sich ihre Eltern bzw. Großeltern in der Nazizeit wirklich verhalten haben.
Ein gewisses Misstrauen der Nachkommen gegenüber den Versicherungen ihrer Väter und Großväter, dass sie immer nur „Mitläufer“ gewesen waren, dürfte dabei im Spiel sein, denn wenn alle diese Aussagen zuträfen, würde es ja praktisch kaum „Täter“ gegeben haben.

Nun lief vor kurzem in den deutschen Kinos ein Film *Opa, der Nazi*. Soweit ich weiß – leider habe ich den Film selbst nicht gesehen – geht es darum, dass ein geschichtsinteressierter Enkel sich daran macht, die Rolle seines Großvaters im dritten Reich zu erforschen. Was dabei herauskommt, ist zwar für die Familie nicht erfreulich, nämlich dass Opa eben doch ein richtiger Nazi war, doch hat die entdeckte Wahrheit für die betroffene Familie eine klärende und damit beruhigende Wirkung und damit das Tuscheln hinter vorgehaltener Hand ein Ende.

In unserer eigenen Familie wurde bisher die Gretchenfrage „ wie hast Du es mit den Nazis gehalten?“ noch nicht gestellt. Unsere Kinder können sich natürlich selbst ausrechnen, dass ihr Vater durch „die Gnade der späten Geburt“ selbst zu jung war, um diese Zeit überhaupt schon richtig miterlebt, geschweige denn mitgestaltet zu haben. Und unsere Enkel sind noch nicht in dem Alter, sich für diese für sie schon so weit zurückliegende Zeit zu interessieren, sind vielleicht auch noch nicht durch die Schule im Geschichtsunterricht darauf gestoßen worden.
Aber eines Tages werden sie vielleicht doch wissen wollen, was in ihrer Familie die damals Agierenden gedacht und vor allem getan bzw. nicht getan haben. Deshalb möchte ich versuchen, diese Zeit aus meinem Erleben, soweit ich selbst Erinnerungen habe, und aus mei-

nem Wissen aus Gesprächen mit meinen Eltern und vor allem aus deren schriftlichen Bekundungen zu schildern, so dass sie sich selbst daraus ein Bild machen können.
So nebenbei ergibt sich daraus für mich die Gelegenheit, etwas aus meiner Kindheit zu erzählen und gleichzeitig auch über meine Herkunft aus väterlicher wie mütterlicher Linie zu berichten.

Meine Kindheit im „Dritten Reich“

Es war ein wundervoller Spätsommertag des Jahres 1934, also im Jahr nach der Machtergreifung durch Hitler, als ich am 18. September um 10 Minuten nach Zehn Uhr vormittags zur Welt kam.
Aus eigener Erinnerung kann ich natürlich nichts zu diesem für mich so bedeutenden Ereignis beitragen, aber meine Mutter hat treulich Buch geführt und das aus ihrer Sicht Berichtenswerte in einem in braunem Krokodilleder gebundenen Buch handschriftlich festgehalten. Dabei haben vor allem die darin eingeklebten Fotos, die sie mit einer einfachen „Box“ gemacht hat, einen gewissen Beweischarakter; außerdem findet sich darin auch noch eine Locke hellweißen Kinderhaares, das ihre Aussage unterstreicht:
Es ist ein kräftiger Junge von siebeneinhalb Pfund mit blauen Augen und hellblonden Haaren.
Das Buch meiner Mutter ist noch recht gut erhalten, aber da es in Sütterlin geschrieben ist, für Nachgeborene praktisch nicht mehr lesbar. Einiges daraus will ich hier zitieren, so weit daraus irgendwelche Hinweise auf den herrschenden Nationalsozialismus oder auch nur auf das allgemeine Denken entnommen werden können.

Ihre Aufzeichnungen beginnen mit dem Satz:
„Ja, ein Junge ist dieses heiß ersehnte und lang erwartete Wunschkind geworden...“

„Heiß ersehnt“ ist damit zu erklären, dass von den drei vor mir geborenen Kindern nur meine Schwester Anneliese, geboren am 22. 2 1920, noch am Leben war. Ein erstes Kind, Eberhard, war am 1.1.1919 geboren, starb aber mit 9 Monaten an schwerer Diphtherie, ein zweites Brüderchen kam 1926 bereits im 7. Monat wegen einer Schwangerschaftsvergiftung meiner Mutter vorzeitig zur Welt, lebte aber nur 5 Stunden. Das „lang erwartet“ bezieht sich wohl darauf, dass meine Schwester schon 14 Jahre alt war und meine Eltern bereits im 43. Lebensjahr standen. Besonders mein Vater hatte sich noch einen Stammhalter gewünscht, und so hatten Beide, wie ich vermute, um Weihnachten 1933 es noch einmal gewagt – das Datum ergibt sich ziemlich exakt bei einer Rückrechnung aus meinem Geburtstag; außerdem schreibt meine Mutter an anderer Stelle von *„tiefer, heiliger Liebe, aus der wir dem Kind das Leben gaben“,* was recht gut mit dem Stichwort Weihnachten in Einklang stehen würde.

Die Zeugung eines Stammhalters wurde zur damaligen Zeit noch als eine der wichtigsten Lebensaufgaben angesehen, ohne deren Gelingen dem Leben etwas Entscheidendes fehlte. Meist war damit auch noch die Fortsetzung einer Namenslinie verbunden, was aber beim Allerweltsnamen „Fischer“ vermutlich keine Rolle gespielt haben dürfte. Tatsächlich war und bin ich aber der einzige männliche Nachkomme in der Familie meines Vaters und seiner Geschwister.

Stand mit der ehelichen Geburt der Nachname fest – die Wahl eines Doppelnamens wurde damals ja noch nicht einmal diskutiert -, so gab es bei der Wahl des oder der Vornamen auch nur relative Freiheit, denn es war im allgemeinen üblich, denselben Vornamen, den der

Vater trug, auch dem Kind zu geben; in meinem Fall also den „Hermann“. Zur Unterscheidung der beiden gleich lautenden Namen wurde dann später der Anhang „junior“ bzw. „senior“ hinzugesetzt. Eine andere Möglichkeit war es, noch einen zweiten Namen als festen Bestandteil daran zu hängen. Auch hier kam eigentlich nur ein Name in Betracht, der in der Familie schon geläufig war. Ich kam also auf diese Weise zum zweiten Namen „Friedrich“, der der Vorname meines Großvaters war.

Beides wäre auch einigermaßen zu ertragen gewesen. Das eigentliche Ärgernis brachte der Bindestrich mit sich. Auf der Geburtsanzeige ist er zwar noch nicht zu finden, aber beim Standesamt muss er wohl dazwischen gerutscht sein, und so war mein Rufname also „Hermann-Friedrich“. Ich glaube, meine Eltern haben selber nicht geahnt, welche Verwirrungen dies noch in meinem ganzen Leben nach sich ziehen würde!
Sie selbst machten es sich am Anfang einfach, indem sie mich, statt den langen Doppelnamen zu gebrauchen, einfach „Stupsi“ nannten, wozu meine Stupsnase den Anlass gab.

Als ich zwei Jahre alt war und auch schon in den Kindergarten kam, protestierte ich gegen den Stupsi, und so mussten meine Eltern die mir von ihnen eingebrockte Suppe wohl oder übel auch selbst auslöffeln. Das aber taten meine Spielkameraden und Freunde mitnichten. So hieß ich plötzlich „Manni“ oder auch „Mandi“, was wiederum meine Mutter auf den Plan rief. Sie fand, wenn es schon den Namen „Friedemann“ gab, warum sollte es dann nicht auch den Namen „Manfried“ geben, also eine Zusammenziehung aus je einer Silbe meiner zwei Vornamen; und so werde ich im Freundeskreis auch genannt, oder jedenfalls so ungefähr. Leider war dieser Name bis dahin absolut ungeläufig, weshalb auch heute noch Viele glauben, ich hieße „Manfred“, doch unter Manfred fanden sie mich logischerweise nicht im Telefonbuch. Alles in allem also eine mittlere Katastrophe!

Schließlich gab mir meine Frau auch noch den Kosenamen „Tom“, was die allgemeine Verwirrung noch weiter steigerte. Im Nachhinein betrachtet möchte ich es fast ein Wunder nennen, dass das Dilemma mit meinen Vornamen bei mir nicht irgendwann zu einer schweren Identitätskrise geführt hat!

Heute, nachdem bei mir eine größere Duldsamkeit an die Stelle des Kämpfens getreten ist, finde ich den aus der Not geborenen Namen „Manfried“ sehr schön, weil er das wiedergibt, was ich gerne sein möchte: ein Mann des Friedens.

Wenn man den Aufzeichnungen meiner Mutter Glauben schenken darf, so ist meine Liebe zu Frieden und Bedürfnis nach Harmonie schon sehr früh zu Tage getreten. Sie schreibt:
„Er scheint von der Art seines Vaters zu sein: eine wichtige Sache erst gründlich zu überlegen, dann aber rasch entschlossen zu handeln, denn zwei Tage ließ er sich Zeit und plagte seine Mutter tüchtig, dann aber verließ er mir elementarer Gewalt den schützenden Mutterschoß.“
Und drei Tage später:
„Der Kleine macht gute Fortschritte und scheint ein Genießer zu werden. Er lässt sich durch nichts in seiner Andacht beim Trinken stören, und ebenso behaglich genießt er nachher die Ruhe. Er wird deshalb und wegen seines molligen Aussehens von den Schwestern hier in der Klinik (Wöchnerinnenheim Rotes Kreuz) der Herr Prälat genannt.“

Das war sicher Balsam für die Seele meiner Mutter, denn sie hatte für mich nur eine Bestimmung im Sinn, wie sie mir später oft gestand: dass ich einmal der Berufung zum geistlichen Stand, die sie von Anfang an anstrebte, folgen würde.

Über den Aufstieg des Nationalsozialismus gibt es in dem Buch nur sehr dürftige Hinweise. Zu dem Wenigen gehört eine Eintragung am 15.1.1935:
„Heute war Saar-Abstimmung: die Saar ist wieder deutsch! Wir saßen tief ergriffen um den Lautsprecher. Der Bub merkte auch, dass etwas Besonderes los war, er sah mich groß an und wollte gar nicht essen.... Ich will mir alle Mühe geben, den Jungen zu einem echten Deutschen:" furchtlos und treu" zu erziehen."
Was sie dabei unter einem „echten Deutschen" verstand, wird nicht weiter ausgeführt.

Dann gibt es noch einen zweiten Hinweis, der etwas von der politischen Situation wiedergibt:
Uns fällt immer wieder auf, was der Bub für große Augen hat und was für einen großen Hinterkopf. Luzi (Pflegesohn) macht mich immer wieder darauf aufmerksam mit den Worten: „Mutti, sieh bloß diese schöne Kopfform an. Die arische Rasse – diese Rasse ist zur Zeit ja sehr aktuell – ist hier unverkennbar."

Aus dem Buch ist auch zu entnehmen, dass ich mich als erstes für der Deutschen schönstes Spielzeug interessiert haben soll:
„Auch spricht er immer mehr. Sein erster konkreter Begriff war „Auto". Wenn er noch so vertieft ist beim Spielen oder Tollen mit dem Hund und er hört ein Auto vorbeifahren, da zeigt er nach dem Fenster „Auto, da"! Auch Auto und Papa bringt er in Zusammenhang, er weiß

genau, dass Papa immer mit dem Auto fährt und ist selig, wenn er mit darf.“

Einige Seiten später ist dann noch ein anderer Hinweis zu finden, der nun in der Tat zu einigen Spekulationen Anlass geben kann:
„Leider kann er das Autofahren nicht vertragen; auf der Fahrt nach Sontheim mussten wir oft anhalten und Hermann-Friedrich musste sich erbrechen. Aber wenn es ihm noch so elend war und er aussah wie der Tod, so sagte er doch, wenn ich ihn trösten wollte: Mutti, das macht nichts. Er will keinesfalls feig sein, da er doch „ein Soldat werden“ will.“
Das war im August 1937, also zwei Jahre vor dem Ausbruch des zweiten Weltkrieges, ich war noch nicht ganz drei Jahre alt. Woher, so ist zu fragen, kann bei einem so kleinen Kind diese Faszination des „Soldat Werdens“ stammen, wenn nicht von seiner Umgebung, in erster Linie also von seinen Eltern?

Ich selbst kann nur sehr wenig zur Beantwortung dieser Frage beitragen, denn aus dieser frühen Zeit habe ich so gut wie keine konkreten Erinnerungen mehr.
Zum Glück haben aber meine beiden Eltern Lebenserinnerungen in verschiedener Form hinterlassen, die ich als Quellen heranziehen kann.

Mein Vater hat nach seiner Pensionierung, also etwa ab 1960, mit der Niederschrift seiner Lebenserinnerungen begonnen; auch sie sind in Sütterlin geschrieben, und auch für mich stellenweise unleserlich, vor allem bei Ortsangaben in französisch, polnisch oder russisch, was aber seine Schilderungen und zeitkritischen Bemerkungen nur unwesentlich beeinträchtigt.

So erzählt er sehr ausführlich seine Kindheit und Jugend, wobei er besonders auch auf die damaligen Verhältnisse im Bildungswesen, in der Lebensgestaltung und ganz allgemein auf den Zeitgeist eingeht.

In unserem Zusammenhang interessieren natürlich besonders seine Ausführungen zur Bedeutung des Soldatentums in der Gesellschaft im allgemeinen wie auch in seiner persönlichen Sicht, die schließlich zu seiner Entscheidung geführt hat, selbst Soldat zu werden. Seine Schilderung hat mir, der ich glücklicherweise nie gezwungen war, mich persönlich einer ähnlichen Entscheidung zu stellen, die Augen geöffnet für die Entwicklung der Geschichte des Soldatentums in den letzten zweihundert Jahren in Deutschland und in unserer eigenen Familie.

Meine Mutter hat neben dem bereits mehrfach erwähnten noch ein weiteres Buch „*Unser Haus*" hinterlassen, in dem zunächst die Zeit von 1939 bis 1952, also die Kriegs- und Nachkriegsjahre, recht ausführlich sowie dann sporadisch die Jahre bis 1966 in kurzen Zusammenfassungen beschrieben sind.
Gerade im ersten ausführlichen Teil, der vor dem Hintergrund der Kriegsereignisse spielt, tritt ihre Einstellung zur politischen Entwicklung und speziell zum Hitler-Regime sehr eindeutig zu Tage. Allerdings ist nur das „Bau-Kapitel" unmittelbar nach dem Geschehen, also 1939, geschrieben, die Schilderung der späteren Kriegs- und Nachkriegsereignisse wurde dagegen erst zwei Jahre nach Kriegsende nachgetragen. Dies sollte man vor Augen haben, wenn ihre kritischen Äußerungen zum dritten Reich vielleicht allzu krass zu sein scheinen. Da ich aus dieser Zeit selbst viele eigene Erinnerungen habe, kann ich aber den Wahrheitsgehalt ihrer Schilderung beurteilen und ihr Zeugnis voll bestätigen.

Zunächst will ich aber meinen Vater zu Wort kommen lassen. Wie er auch selbst von sich sagt, war er immer sehr stark an Geschichte interessiert und hat durch die Lektüre vieler einschlägiger Bücher seinen Horizont immer mehr erweitert. Geschichte und Ahnenforschung waren seine wesentlichen Hobbys. Auch wenn er selbst sein Leben nicht unmittelbar unter dem Thema „Militarismus“ kritisch betrachtet, lässt sich aus seinen Erlebnissen meines Erachtens vieles herausfiltern, was auch mit anderen Quellen übereinstimmt, und deshalb durchaus als beispielhaft für die damaligen geistigen und politischen Zeitströmungen gelten kann.

Aus den Lebenserinnerungen meines Vaters

Mein Vater, Hermann Georg Fischer, ist am 1.März 1892 in Ludwigsburg geboren und am 6. März 1984, wenige Tage nach seinem 92. Geburtstag, in München gestorben. Er war Kriegsteilnehmer in beiden Weltkriegen, im ersten überwiegend an der Front, im zweiten in leitender Stellung in einer Munitionsfabrik bei Ingolstadt, zuletzt im Rang eines Hauptmanns.

Als Vater fiel er in den wichtigen Jahren meines Heranwachsens durch seine Einberufung schon kurz vor Ausbruch des zweiten Weltkrieges weitgehend aus. Umso mehr hat er mein Bild vom „Soldaten“ geprägt, sah ich ihn in diesen Jahren ja fast nur in Uniform, wenn er überhaupt einmal zu Hause war. Und ganz sicher habe ich ihn in seiner imposanten Offiziersuniform auch gehörig bewundert, wenn auch nicht unbedingt als Held – da sorgte schon meine Mutter dafür, die alles tat, um ihn aus einer gewissen Unnahbarkeit, die damals wohl generell eine Attitüde der Uniformträger war, auf den Boden der harten Wirklichkeit herunterzuholen – ihr Respekt gegenüber den „Gockeln in Uniform“, wie sie das gerne nannte, war jedenfalls äußerst gering.

Um es vorweg zu nehmen: Opa, wie wir ihn in den späteren Jahren zusammen mit unseren Kindern immer nannten, war zu keiner Zeit Nazi.
Obwohl er immer wieder – erst recht als zweithöchster Offizier seiner Einheit - gedrängt worden war, in die Partei einzutreten, hat er sich dem bis zuletzt erfolgreich entzogen. Seine Entnazifizierung ging dementsprechend schon in den ersten Arbeitstagen der hierfür eingerichteten Behörde problemlos mit der Einstufung als „Mitläufer“ über die Bühne und er konnte sich sofort in den Wiederaufbau stürzen.

Ich weiß auch noch gut, dass er sich mit seiner Frau in der Einschätzung Hitlers und seiner Bande als „Verbrecher-Regime“ zumindest in den letzten Jahren des Krieges absolut einig war. Allerdings war er weitaus vorsichtiger als Mutti in seinen Äußerungen – und musste es wohl in seiner Rolle auch sein! Und wie ich aus späteren, oft hitzigen Diskussionen mitbekam, hatte er wohl in den Anfangsjahren der Naziherrschaft nach dem Geschmack meiner Mutter eine viel zu tolerante Einstellung an den Tag gelegt. „Wir hätten uns alle viel entschiedener gegen Hitler einsetzen müssen“, sagte sie dann oft und meinte dabei wohl in erster Linie ihren Mann. Sie hatte als gläubige und praktizierende Katholikin in Hitler schon bald eine Ausgeburt der Hölle ausgemacht und tat ihre Meinung auch im Freundeskreis manchmal nur all zu laut kund. Dass sie als temperamentvolle Löwin, - worauf sie immer großen Wert legte, auch wenn sie astrologisch gesehen mit ihrem Geburtstag am 23.August den Löwen gerade noch so am Schwanz erwischt hatte, - dass sie also nicht dem Beispiel ihrer Namenspatronin, der heiligen Johanna von Orleans folgend selbst gegen diesen Satan zu Feld gezogen ist, war wohl in erster Linie sein Verdienst, da er, wie ich annehme, die möglichen Folgen bis hin zu „Dachau“ – dieses Drohwort habe ich gelegentlich aufgeschnappt – wohl einigermaßen klar übersehen konnte.

Wenn nun damit das Thema „Nazi“, was meinen Vater angeht, eigentlich schon beendet ist, bleibt aber doch eine andere Frage unbeantwortet. Mein Vater war ja nicht nur zweimal Kriegsteilnehmer, er war von Anfang an Berufssoldat, hatte sich also freiwillig für den „Dienst mit der Waffe“ entschieden. Mir ist das erst so richtig aufgefallen, als ich seine Lebenserinnerungen jetzt noch einmal in Ruhe gelesen habe. Vielleicht hatte er es auch früher schon selbst erwähnt, aber es war wohl nicht so richtig in mein Bewusstsein gedrungen. Überhaupt ist mein Interesse für die Vergangenheit meiner Vorfahren erst erwacht, als mein Vater schon tot war; durch Beruf, Familie und Hobbys war ich lange Zeit reichlich ausgelastet und nahm deshalb die Schwierigkeit, seine Schrift zu lesen, als willkommene Ausrede, mich der Aufgabe ihrer Entzifferung nicht unterziehen zu müssen.

Nun wäre es auch leicht übertrieben, wenn ich behaupten würde, die Kenntnis seiner Berufsentscheidung habe mich sehr schockiert; sie war mir nur einfach fremd, denn sie passte so gar nicht zu dem Bild, das ich von ihm hatte. Auch heute noch ist er für mich das pure Gegenteil eines kämpferischen, militanten Menschen, sondern verkörperte in fast idealer Weise Friedensliebe und Toleranz.
Die Frage ist also: wie kommt es zu diesem offenkundigen Bruch zwischen dem Erscheinungsbild und der Realität?

Der Schlüssel hierfür liegt wohl eher bei mir, meinem mangelhaften Verständnis der geschichtlichen Situation, in die mein Vater hineingeboren wurde, und die natürlich eine ganz andere ist als die, die wir heute erleben. Umso mehr scheint es mir notwendig, in der Geschichte zurückzublättern und die Zeit vor etwa zweihundert Jahren in Erinnerung zu rufen. Mein Vater hat das ja schon selbst getan und ich brauche so nur seinen Lebenserinnerungen zu folgen.

Die Vorfahren meines Vaters – und damit natürlich auch die meinen – waren über Jahrhunderte das, was der Name schon sagt: Fischer. Mein Vater konnte die Linie im väterlichen Zweig bis zum Westfälischen Frieden zurückverfolgen; das ist ja in aller Regel der Endpunkt jeder Ahnenforschung.
Es waren eigentlich kleine Landwirte, die nebenbei das Fischrecht an einem kleinen Flüsschen, der *Enz* in Württemberg besaßen. Heute würde man vielleicht von einem Nebenerwerbsbetrieb sprechen, den diese Fischerei darstellte. (Bei meinen eigenen Nachforschungen konnte ich feststellen, dass das nachweisliche geschichtliche Vorhandensein einer Berufs-Fischerei in Mühlhausen an der Enz offenbar dort gar nicht mehr bekannt ist.) Da die Familien damals wegen des üblichen großen Kindersegens meist vielköpfig waren und trotz der Fruchtbarkeit der Gegend aus dem Ertrag der nach vielfacher Erbteilung nur noch kleinen Ländereien nicht ernährt werden konnten, mussten meist die später geborenen Geschwister andere Berufe ergreifen oder eben fortziehen.
Mein Vater erzählt sehr anschaulich von dem kargen Leben bei seinen Großeltern, wo er als Kind regelmäßig seine Ferien verbrachte. Für seinen Vater gab es schon Mitte des 19ten Jahrhunderts keine Fortkommensmöglichkeiten mehr in Mühlhausen, dem Stammsitz der

Familie, und so war er wie auch einige seiner Geschwister dem Zug in die aufstrebende Stadt Stuttgart gefolgt, um dort sein Glück zu versuchen. Stuttgart, Sitz des württembergisches Königs und Garnisonsstadt, hatte vor allem eines zu bieten: den Dienst am Hof oder beim Militär. Auch mein Großvater zog also den Uniformrock an und diente 14 Jahre lang in einem königlichen Regiment. 1898 schied er aus dem aktiven Dienst aus und ging zu der Leibgarde des Königs von Württemberg. Das Gardemaß von 1,75 m sowie den obligaten schwarzen Schnurrbart muss er wohl gehabt haben. Genau besehen wechselte er nur die Uniform, die fortan aus einem langen zweireihigen blauen Rock, Degen und Dreispitz bestand; bewaffnet war die Garde mit schweren, zünderlosen Gewehren aus dem Krieg 1870/71, die wohl nur noch zum Exerzieren geeignet waren.

Der Dienst, der dieser operettenhaft herausgeputzten Garde abverlangt wurde, war dementsprechend kaum nennenswert: ein Tag in der Woche und einen Sonntag im Monat; die übrige Zeit stand zur freien Verfügung. Man kann wohl davon ausgehen, dass der Sold, den mein Großvater für diese geringe Beschäftigung bekam, weit hinter dem imposanten Aussehen in seiner Dienst-Uniform zurück geblieben ist. Also musste noch eine Nebenbeschäftigung gefunden werden. Zunächst waren das Botengänge und kleinere Hausmeisterdienste; später bekam mein Großvater dann als Bürodiener in der „Oberen Museumsgesellschaft“ bessere Verdienstmöglichkeiten, die noch dadurch aufgebessert werden konnten, dass bei den Festen in dieser Gesellschaft durch Garderobe und Getränkeverkauf noch etwas hinzu zu verdienen war. Offenbar hat mein Großvater aber nie in den Krieg ziehen und so sein Gewehr nur bei den allfälligen Paraden benutzen müssen.

Nach der Schilderung meines Vaters waren es gerade diese Aufmärsche, die die Bürger der Stadt ergötzten, und natürlich waren die Kinder immer ein besonders dankbares Publikum. Einerseits gab es ja damals noch nicht sehr viele Gelegenheiten zur Zerstreuung, Radio oder gar Fernsehen zur Befriedigung der Schaulust waren noch nicht erfunden, andererseits waren mit Uniformen und Fahnen im Ansehen der meisten Menschen noch die wichtigsten Wertvorstellungen wie Vaterland, Ehre und Heldentum verbunden; ja, der Einsatz des Lebens für das Vaterland galt nicht nur als Pflicht sondern als Ehre. Noch dreißig Jahre später, als ich in München an der Ludwig-Maximilians-Universität studierte, stand über dem Eingang zur Aula der lateinische Satz *„dulce dekorumst pro patria mori" (es ist süß und ehrenvoll für das Vaterland zu sterben)* . Der Putz war zwar durch die Bombardierung weitgehend von den Wänden gefallen, soweit diese überhaupt noch standen, aber dieser schon von den Römern überlieferte Grundsatz war bis in meine Generation hinein schon den Kindern ins Herz gepflanzt worden. Anders wäre ja auch die geradezu euphorische Begeisterung, mit der die Soldaten beim Ausbruch des ersten Weltkrieges und später teilweise auch beim zweiten ins Feld zogen, überhaupt nicht zu begreifen.

So gesehen ist es kaum überraschend, dass früher in vielen Kindern der Wunsch erwachte oder besser gesagt: geweckt wurde, einmal Soldat zu werden und an diesem scheinbar so heldenhaften Leben Teil zu haben.

Dass ich als Dreijähriger den Wunsch hatte, Soldat und gar ein Held zu werden, entsprach also wohl der allgemein üblichen Einstellung im deutschen Volk.

Übrigens scheint es mit dem Heldentum meines Großvaters nicht weit her gewesen zu sein, denn mein Vater beschreibt genüsslich eine Szene, in der er selbst noch im Kinderwagen lag. Der Gardist Friedrich Fischer, also der, von dem ich meinen zweiten Vornamen geerbt habe, hatte den strahlenden Frühlingstag dazu genutzt, zusammen mit seiner Frau Marie ihren Sohn durch den Hofgarten zu fahren, als der König mit einer Karosse, begleitet von einigen Soldaten, unerwartet ebenfalls durch den Hofgarten kam. Der Schreck meines Großvaters, der sich bei seinem Fehltritt ertappt fühlte, muss so groß gewesen sein, dass er mit seiner Frau in den Büschen verschwand, den Kinderwagen aber schnöde auf dem Weg stehen ließ, wo er von einem der Soldaten beiseite geschoben werden musste. Mein Vater erzählte diese Anekdote gern unter dem Motto: „wie ich einmal unserem König im Weg war".

Meine eigenen Erinnerungen an diesen Großvater sind unbedeutend, sowohl an Umfang als auch an Gehalt. Ich habe ihn als kleines Kind zwar ein paar Mal gesehen, aber die Zeit des königlichen Gardisten war da längst vorbei und mir steht nur noch ein alter Mann mit auffallend schlechten Zähnen vor Augen. Seine Frau Marie, die mein Vater als eine sehr gütige, warmherzige Frau schildert, ist bereits 1915, also weit vor meiner Geburt, gestorben, woran es wohl auch liegen mag, dass es für mich keine väterliche Heimat gab, die von uns öfter besucht worden wäre, im Gegensatz übrigens zu der Heimat meiner Mutter, wo auch noch beide Großeltern zu einem guten Begriff für mich wurden.

Sehr ausführlich beschäftigt sich mein Vater mit einer Seitenlinie, der „von Walter", die durch seine Urgroßmutter mit der Fischer-Linie verbunden ist.
Was sie als Frau von Adel in das armselige Mühlhausen an der Enz verschlagen hat, entzieht sich meiner Kenntnis; dennoch weitet ihre Erscheinung den Blick auf die Geschichte Württembergs zur Zeit von

Herzog Carl, dem das Land so viel zu verdanken hat. Hauptmann Carl Friedrich Theobald v. Walter, der Vater der Urgroßmutter, stand am Hof in hohen Ehren - zu seinen Taufpaten gehörte auch der Herzog selbst -, doch fiel er später in Ungnade, wie es in der damaligen Günstlings- und Mätressenwirtschaft (Zitat meines Vaters) nur allzu schnell geschehen konnte. Die Gestalt „v. Walter" in Schillers „Kabale und Liebe" dürfte mit diesem Mann identisch sein; es ist höchst wahrscheinlich, dass Schiller die Lebensgeschichte dieses Mannes kannte, die dessen Sohn aufgezeichnet hat, und die auch meinem Vater bekannt war. Er beschreibt eingehend das höfische Leben und seine Intrigen, aber auch die Verdienste von Herzog Carl um sein Land und im Besonderen um die Bildung seiner Landeskinder durch die Gründung der „Hohen Carlsschule", die praktisch die erste Universität auf deutschem Boden war. Für Geschichtsinteressierte ist dieser Teil von Vaters Lebenserinnerungen unbedingt interessant, auf den Fortgang der Ereignisse in der Fischerlinie ist diese Episode aber nicht von erkennbarer Bedeutung.

Ein wichtiger Abschnitt seines Lebens begann für meinen Vater mit dem Umzug der Familie von Ludwigsburg nach Stuttgart in seinem sechsten Lebensjahr.
Das Leben erschien ihm dort nach seinem Bericht zunächst als bestürzend. Zum ersten Mal sah er eine Straßenbahn, die sich ohne Pferde oder Dampfentwicklung von alleine durch die Straßen bewegte und feurige Blitze an Rädern und Leitungsdrähten erzeugte. Ausführlich ist auch Vaters Schilderung vom Einfluss der beginnenden Technisierung auf die Lebensverhältnisse, wie auch von der sehr bescheidenen Lebensführung seiner Eltern, die weitgehend in meinem Manuskript *Das Leben meiner Eltern* von mir übernommen wurden.

Hier möchte ich nur kurz auf seine Ausführungen zu den militärischen Themen eingehen, die für seine spätere Berufsentscheidung bestimmend waren.

Entsprechend dem Wirkungskreis seines Vaters am Hof zog die Familie in die Nähe des Schlosses, die Wohnung muss direkt hinter den Kasernen gelegen haben, und der Kasernenhof war nach Vaters Beschreibung auch der Spielplatz der Kinder: sie durften beim Exerzieren zusehen und auch in die Ställe zu den Pferden mitgehen. Ausdrücklich nennt er seine große Liebe zu den Pferden einen entscheidenden Grund, sich für die Laufbahn des Feuerwerkers zu entscheiden, denn diese versprach damals praktisch ein Leben im Sattel.

Und es gab noch einen weiteren triftigen Grund.
Schon in der Schule zeigte sich, dass mein Vater weit überdurchschnittlich begabt war, so dass die Lehrer ein Studium empfahlen. Dies erlaubte aber nach seiner Ansicht die finanzielle Situation nicht, zumindest wollte er seinen Eltern und den drei Geschwistern diese schwere Bürde nicht aufladen. Überdies war auch die Feuerwerker-Laufbahn mit einem zweijährigen technischen Studium verbunden und ließ das von ihm angestrebte gute Fortkommen mit relativ großer Sicherheit erwarten.

Tatsächlich wurden seine Erwartungen nicht enttäuscht, wenn auch die Karriere bei der Wehrmacht mit dem Ende des ersten Weltkrieges von ihm selbst „wegen Aussichtslosigkeit“ beendet wurde. In seiner späteren Tätigkeit bei Bosch kam ihm aber das aus der Feuerwerkerei stammende technische Wissen, wie er selbst oft betonte, sehr zu statten.

Erwähnenswert ist aber, dass mein Vater die drei Jahre, die er zum Teil an der West-, zum Teil an der Ostfront kämpfte, tatsächlich fast nur auf dem Pferd unterwegs war. Er muss ein vorzüglicher und einfühlsamer Reiter gewesen sein, denn es wurden ihm meist, wie er schreibt, die schwierigsten Pferde anvertraut, mit denen sonst keiner fertig wurde. Und das meist an vorderster Front unter dem Donner der Geschütze und dem Einschlag der Granaten! So ist auch zu verstehen, dass er nie gezwungen war, gezielt auf Menschen zu schießen. Er war überhaupt nur mit einem Revolver bewaffnet, mit dem er sich gelegentlich den Weg für sich und sein Pferd freischießen musste; meist war er allein oder in Begleitung seines Pferdeburschen als Ordonanz zwischen Stab und Linie unterwegs, um Befehle zu überbringen. Außerdem hatte er in vorderster Linie die vielen Blindgänger der feindlichen Artillerie zu entschärfen – ein Wunder, dass er bei diesem doppelten Himmelfahrtskommando immer heil durchgekommen ist!

Die zahlreichen Blindgänger und vor allem Rohrkrepierer, diesmal freilich der eigenen deutschen Geschütze, waren auch der Grund, warum mein Vater im Herbst 1917 in seine Heimat zur Munitionsfabrik Ludwigsburg zurückkommandiert wurde, um die Herstellung der Munition zu verbessern; dort heiratete er dann kurz darauf seine Johanna, mit der er seit Anfang 1914 verlobt war.

Leider enden damit dann aber auch seine Aufzeichnungen. Über die weiteren Jahre nach Ende des ersten Weltkrieges, der schweren Zeit der Weltwirtschaftskrise und der Inflation sowie die Zeit des zweiten Weltkrieges schrieb er nur noch sehr summarisch.
Damit kann über das bereits Gesagte hinaus auch nichts Weiteres über die Zeit des Hitler-Regimes aus seiner Feder zitiert werden.

Sein militärischer Dienst im zweiten Weltkrieg, zu dem er schon einige Tage vor dessen Ausbruch eingezogen wurde, war dann jedenfalls alles andere als freiwillig. Sein Glück war es aber, dass er ihn nicht an der Front leisten musste, sondern wieder in einer Munitionsfabrik in der Heimat als Oberfeuerwerker Verwendung fand.

Die Familie meiner Mutter

Meine Mutter, Johanna, geborene Hehn, geboren am 23.8.1892, entstammt einer schwäbischen Weinbauern- und Küferfamilie aus Sontheim, einem früheren Deutsch-Ordenssitz mit dementsprechend ausschließlich katholischer Einwohnerschaft, der inzwischen in Heilbronn eingemeindet ist.

Der Stammbaum dieser Hehn aus Sontheim, der Name ist darüber hinaus auch im Baltikum heimisch, ist bis zurück ins 18.Jahrhundert gut dokumentiert. Auch im Stammbaum der Hehn gibt es ein adliges Einsprengsel. Ein gewisser Ferdinand Hehn, geb.1808, heiratete 1845 eine Pfarrersköchin, die ein uneheliches Kind mit Namen Eduard-Adolf in die Ehe mitbrachte, dessen Vater ein Graf Bolley war und das dann von Ferdinand Hehn adoptiert wurde. Die weitere Generationenfolge verläuft von da an geradlinig und unspektakulär; es handelt sich um angesehene und begüterte Kleinbürger, die fast alle der fruchtbaren heimischen Scholle und ihrer Bebauung treu geblieben sind. Von soldatischen Heldentaten ist jedenfalls nichts überliefert.
Allerdings hing meines Wissens auch immer ein Uniformrock im Schrank, denn mindestens zurück bis zu meinem Urgroßvater der mütterlichen Linie ist bekannt, dass die männlichen Namensträger das

Amt des Feuerwehrhauptmanns bekleideten, was sicher schon dadurch erklärt werden kann, dass das Anwesen der Familie unmittelbar gegenüber dem Feuerwehrgebäude liegt, das seinerseits direkt neben der katholischen Kirche steht.

Dass darüber hinaus die männlichen Namensträger in Kriegszeiten auch zum Dienst mit der Waffe herangezogen wurden, ist wohl selbstverständlich, ändert aber nichts am friedliebenden Charakter dieses bodenständigen Geschlechts. Meine Mutter, das älteste von fünf Kindern, musste schon in jungen Jahren dem Vater im Weinhandels-Geschäft helfen; für eine eigene Berufsausbildung blieb da kein Platz. Woher sie ihre beachtliche Wissens- und Herzensbildung bekommen hat, ist mir bis heute unbekannt; sicher hat sie als aufgewecktes schwäbisches Landeskind die angeborene Neugier auf jede mögliche und erlaubte Weise genutzt, und gesammelt, was sich in dieser Beziehung sammeln ließ. Während mein Vater an seiner Bildung sehr systematisch gearbeitet hat, war die Mutter nach meinem Dafürhalten eher eine Naturbegabung mit einem beachtlichen Sprachtalent und ausgezeichnetem Gedächtnis; ihre schriftliche Hinterlassenschaft gibt davon ein beredtes Zeugnis.

Damit bin ich also wieder bei dem Buch meiner Mutter „Das Haus“ angelangt, das ich schon erwähnt habe. Da ihre Einstellung zum Nationalsozialismus, die sie dort – wenn auch erst nach dem unrühmlichen Ende dieses so genannten „Tausendjährigen Reichs“ – niedergeschrieben hat, an Deutlichkeit nichts zu wünschen übrig lässt, ist für mich jede Kommentierung überflüssig.

Jedenfalls steht für mich zweifelsfrei fest, dass sie mir den Wusch, Soldat zu werden, nicht eingepflanzt haben kann. Allerdings sah sie mich durchaus als streitbaren Kämpfer, aber auf einem anderen Feld. Sie hätte ihren Sohn gern als katholischen Priester gesehen, wenn möglich auch in einer höheren Stufe der kirchlichen Hierarchie. Sie hat alles für diesen Werdegang in mich hineingelegt, und lange war ich auch überzeugt, dass dies mein Weg sein würde. In Sachen des Glaubens war Heldentum also durchaus gefragt!

Mit der Hitlerjugend kam ich nicht mehr in Berührung. Im letzten Kriegsjahr hätte ich zwar schon „Pimpf" werden sollen, aber dazu kam es nicht mehr. Ich war ja durch einen halbsteifen Arm, der ein bleibendes Andenken an das Indianerspielen ist, behindert und wäre, wie meine Mutter fast triumphierend meinte, auch nicht wehrdienstfähig gewesen, wenn der Krieg noch länger gedauert hätte. Diese ganze Episode kann in dem Kapitel
Indianer entkommt Hitlerjugend nachgelesen werden.

Dagegen hat meine Mutter meinen Dienst in der nach dem Krieg wieder neu auflebenden Jugendarbeit, genauer: im Bund der kath. Georgs-Pfadfinder mit voller Hingabe gefördert. Weit war das äußere Gebaren dort freilich nicht von dem der Hitlerjugend entfernt, auch dort ging es um Ehre, Vaterland und Ähnliches. So hatte ich den Pfadfinder-Eid auf die Fahne abzulegen und zu versprechen, Gott, der Kirche und dem Vaterland treu zu sein, sowie rein und keusch an Leib und Seele zu leben (aus dem Pfadfindergebet zitiert).

Was für eine ungeheuere Umwälzung, die in den letzten Jahrzehnten stattgefunden hat, wird allein aus der Wortwahl deutlich: wer würde heute noch das Wort „keusch", das ich damals täglich betete, ohne rot zu werden über die Lippen bringen? Es ist „mega-out", wie es heute heißt. Genau umgekehrt ist es mit dem Wort „geil", so ungefähr das

Gegenteil von keusch, das heute in aller Munde ist, schon dessen Benutzung aber in der Zeit meiner Jugend hätte gebeichtet werden müssen.

Noch an einem anderen Beispiel möchte ich meine Behauptung von der weitgehenden Abwirtschaftung der vaterländischen Gefühle festmachen:
Wie schon gesagt habe ich als „weißer Jahrgang“ das Glück gehabt, dass ich nie für das Vaterland in die Pflicht genommen wurde. Aber ich gestehe, dass ich mich selbst theoretisch sehr schwer tat, als unser Sohn Stephan den Wehrdienst verweigerte, seine Entscheidung zu tolerieren. Insofern lebt offenbar doch noch ein Rest der alten Ideologie in mir fort.
Was wäre passiert, so muss ich mich fragen, wenn ich selbst vor diese Entscheidung gestellt worden wäre?

Wenn ich mein Leben daraufhin überschaue, kann ich nur sagen, dass sich meine Einstellung zur militärischen Gewalt im Lauf der Zeit ganz wesentlich geändert hat.
Anfangs, d.h. etwa bis zum Ende des Kriegs, war ich – mehr durch die Situation und gesellschaftliche Übereinkunft, als durch Einflussnahme meiner Eltern – überzeugt, dass die Wehrmacht grundsätzlich nötig, dass Vaterlandsliebe absolut gut, dass ein Krieg, zumindest ein Verteidigungskrieg erlaubt sei.
Heute bin ich der Überzeugung, dass der von den meisten Menschen so sehr ersehnte Friede nur möglich ist, wenn jeder Einzelne damit aufhört, jede andere Lebensweise als die eigene als schlecht zu verurteilen. Wir sind uns gegenseitig nicht zum Richter berufen! Daraus ergibt sich dann zwangsläufig, dass ich auch jede Form von Gewalt und Zwang ablehne und stattdessen gegenseitiges Verständnis und

weitgehende Toleranz leben möchte. Krieg ist nach meinem Verständnis immer und überall die schlechteste Lösung und eben nicht *die Fortsetzung der Politik mit anderen Mitteln,* wie uns das fälschlicherweise lange eingetrichtert wurde!

Ich meine, in den letzten Jahren doch einen Trend in der Gesellschaft, zumindest im zentralen Europa, zu Gewaltverzicht, Kompromissbereitschaft und Toleranz feststellen zu können; erfreulicherweise auch in der Kirche, wo diese Tugenden ja eigentlich ihr Zuhause haben sollten.
Insofern habe ich auch eine kleine Hoffnung, dass das „Experiment Menschheit" nicht am Ende missglückt; und ich will mir Mühe geben, der weiteren Evolution eine kleinen Schubs in diese Richtung zu geben, soweit es in meinem kleinen Umkreis möglich ist. Vielleicht tragen ja auch die vorliegenden Gedanken, die ich meinen Kindern und Enkeln – sozusagen als „Großvater Manfrieds Duftnote" – hiermit mitgeben möchte, etwas dazu bei, das zurzeit durchaus denkbare Verdikt für die gegenwärtige Menschheit „nicht bestanden" doch noch zu vermeiden.

Himmel über Bernried

„Einen alten Baum soll man nicht verpflanzen", so behauptet eine alte Volksweisheit, die – weitgehend ungeprüft – von Generation zu Generation weitergegeben wird, und die ich ebenso ungeprüft von meinen Eltern übernommen habe.
Verstanden habe ich dabei, dass es nicht gut geht, wenn ein alter Mensch aus seiner vertrauten Umgebung herausgerissen und irgendwohin verpflanzt wird, wo er sich dann in der Regel nicht mehr richtig verwurzeln kann und somit in Kürze eingeht.

Nun bot mir das Leben die Gelegenheit, die Gültigkeit dieser Weisheit am eigenen Leib zu überprüfen. Und um das Ergebnis vorweg zu nehmen, in meinem Fall, - oder richtiger: in unserem Fall, denn die Prüfung bezieht sich in dem gleichen Umfang auch auf meine Frau Marianne, - erwies sich genau das Gegenteil als richtig, denn die beiden versetzten alten Bäume (um im Bilde zu bleiben) begannen aufs Neue zu sprossen und gar zu blühen, wie ich im folgenden zeigen möchte.

Vielleicht sollte zunächst die Frage geklärt werden: wann ist denn ein Baum alt?

Mit Sicherheit hat sich der Altersbegriff in den letzten Jahren ganz erheblich geändert. In der Zeit meiner Eltern galt man spätestens dann als alt, wenn man das aktive Leben beendet hatte, und dafür hatte das Berufsleben eine ziemlich unumstößliche Grenze festgesetzt, nämlich mit 65. Die Vorstellung eines biblischen Alters eines Methusalems mit einigen hundert Jahren sind ja in der Bibel selbst später sehr deutlich korrigiert worden, denn im Psalm 90 heißt es ja: „Das Leben des Menschen währet siebzig Jahr, und wenn es hoch kommt, sind es achtzig". Wir Beide standen zu dem fraglichen Zeitpunkt am Anfang des achten Jahrzehnts und nehmen damit, wenn auch ungern, in Anspruch, zur Generation der Älteren, wie das ja heute euphemistisch genannt wird, ganz unbeschönigt ausgedrückt, zu den „alten Bäumen" zu gehören.

Ein halbes Jahr vor dem Geschehen, von dem hier berichtet wird, hatte ich den siebzigsten Geburtstag gefeiert, und bei Marianne lag dieser schon gar zwei Jahre zurück. Und wenn jemand auch nur den Gedanken geäußert hätte, wir könnten vielleicht doch noch einmal unser schönes Haus in Großhesselohe mit einer anderen Bleibe vertauschen, dann hätten wir diesen Jemand entweder für verrückt oder mindestens für unsensibel erklärt, denn dann konnte er ja allenfalls auf einen Umzug ins Altersheim oder gar noch Schlimmeres angespielt haben; und diese gesellschaftliche Todsünde hätten wir mit Sicherheit auch keinem von unseren Freunden zugetraut.

So waren wir also völlig arglos und ohne jeden leisesten Hintergedanken, als wir zwei Wochen vor Ostern zu einem kleinen Frühjahrsspaziergang aufbrachen. Da unsere Freundin Hildegard Meumann, die die Patentante von unserem Sohn Stephan ist, gerade für ein paar Tage bei uns zu Besuch war, entschlossen wir uns nach Bernried am Starnberger See zu fahren, wo Stephan mit seiner Familie damals bereits zwei Jahrzehnte lebte und arbeitete.
So spazierten wir in der Mittagssonne auf dem bereits schnee- und eisfreien Prälatenweg oberhalb Bernrieds, ohne zu ahnen, welche Bedeutung dieser Weg schon kurze Zeit später für uns gewinnen sollte.

Es war ein Föhntag, die noch schneebedeckten Berge lagen zum Greifen nahe vor uns, der Frühling legte sich mit Macht auf alle unsere Sinne, wir fanden es einfach himmlisch und stellten übereinstimmend fest, dass es hier gut sei und sagten mehr spaßhaft: „hier lasst uns Hütten bauen“, wie es die Jünger bei der Verklärung taten.

Das „himmlisch“ gibt mir Anlass zu einer etwas umfangreicheren Ergänzung, denn es charakterisiert in besonderem Maß unser beider Natur- und damit auch Lebensverständnis. Ein möglichst großes Stück freier Himmel war und ist für uns eine ganz wesentliche Voraussetzung für ein glückliches Leben.

Von Haus aus sind Marianne und ich eigentlich Stadtkinder, sie aus Düsseldorf, ich aus München. Und es ist in keiner Weise übertrieben, wenn ich sage, dass es das Naturerlebnis war, das uns zusammengeführt hat. Im Einzelnen ist das an anderer Stelle ausführlich beschrieben, hier will ich es nur noch einmal kurz beleuchten.

Es war ein warmer Frühlingstag ebenfalls ein paar Tage vor Ostern, als wir uns am Bahnhof Rothenfels am Main zum ersten Mal begegneten. In der Burg Rothenfels, einem Zentrum der katholischen Jugend und gleichzeitig der Ausgangspunkt der damaligen liturgischen Erneuerung, wollten wir die Karwoche begehen und dann Ostern feiern. Dass es dann schließlich nicht so sehr um Liturgie gehen würde, dass die Tage in Rothenfels vielmehr zu einem Startpunkt für unseren gemeinsamen Lebensweg werden sollte, der von der gemeinsamen Freude an der Natur und ihres unendlichen Reichtums geprägt ist, ahnten wir freilich damals noch nicht.

So war es erst Steinebach, unser Ferienhaus am Wörthsee, wo wir später jedes Wochenende und so gut wie alle Ferientage verbrachten, wo unsere Kinder die ersten Jahre aufwuchsen, bis ein Gehirntumor bei Marianne die bis dahin ungetrübte Idylle in einer paradiesischen Natur jäh beendete. Der wundervolle, stille See, die waldreiche Umgebung, ein großes Stück Himmel, das bei Tag und Nacht mit all seinen Schätzen für uns da war, das war fast fünfzehn Jahre lang die Grundlage eines wundervollen, glücklichen Lebens, in dem das Segeln einen ganz wichtigen Platz einnahm.

Als die schlimmste Zeit der Krankheit, in der wir auch unser kleines Paradies in Steinebach abgeben mussten, so einigermaßen überstanden war, haben wir das Leben mit dem Wasser und unter freien Himmel wieder aufgenommen und gleichzeitig noch erheblich ausgedehnt, indem wir dreißig Jahre lang auf eigenem Kiel segelnd erst den Bodensee und dann das westliche Mittelmeer von Frankreich über Spanien, Italien, Malta und Griechenland durchpflügt haben und uns damit einen sozusagen fast unbegrenzten Vorgarten eroberten.

Wiederum war es ein Schicksalsschlag, der auch diesem intensiven Seglerleben in und mit der freien Natur ein Ende bereitet hat, ein Oberschenkelhalsbruch bei Marianne, der uns nach einigen schon vorher erlittenen Rippenbrüchen signalisierte, dass wieder an eine Verkleinerung unseres „Vorgartens“ zu denken sei. Wir taten dies mit dem Verkauf unseres letzten Schiffes *BALIMENA,* einem Motorsegler vom Typ Faenoe 42, Anfang 2002 mit dem guten Gefühl, diese Zeit bis zur Neige ausgekostet zu haben und somit diesen Lebensabschnitt reich beschenkt und ohne großes Bedauern abschließen zu können.
Außerdem hatten wir ja auch noch unser Haus in Großhesselohe mit seinem schönen Garten, dem Schwimmbad, Teich und dazu den erst

vor kurzem winterfest gemachten Wintergarten als unser perfektes Festlokal für alle Gelegenheiten! Und das alles mit einem großen Stück Himmel über uns sowie viel Grün ringsherum.

Dies veränderte sich allerdings zusehends, ohne dass wir etwas dagegen tun konnten. Erst verkleinerte sich das Stück Himmel drastisch dadurch, dass im bisher unbebauten Nachbarsgarten im Süden unseres Grundstücks ein riesiger und noch dazu unschöner Kasten von Haus gebaut wurde, der uns viel von Sonne und Licht raubte. Außerdem war die Pullacher Straße, in der wir in den über fünfzig Jahren seit unserem Einzug wohnten, mehr und mehr zu einer viel befahrenen Durchgangsstraße geworden, so dass ein Aufenthalt im vorderen Teil des Gartens wegen der hohen Lärm- und der Abgasbelästigung kaum noch möglich war. Schließlich wurden auf der gegenüberliegenden Straßenseite auch noch vier große Weidenbäume gefällt, um in diesem Garten statt einem nun vier doppelstöckige Häuser bauen zu können.

Das also war unsere Situation, als wir an diesem Vorfrühlingstag bei unseren Spaziergang auf dem Prälatenweg den weiten Blick in den Pfaffenwinkel unter dem typischen weiß-blauen bayerischen Himmel genossen und uns wie schon gesagt, zum Hüttenbauen eingeladen fühlten.

Dass wir noch nicht einmal eine Hütte zu bauen brauchten, stellte sich zwei Wochen später heraus. Zum ersten Mal seit vielen Jahren schaute ich in den Immobilienteil der Süddeutschen Zeitung und sofort zog mich eine Anzeige in den Bann:
Schmuckstück am STA-SEE, Landhaus m. ELW in Bernried,
ca. 218m² Wfl. + Nutzfl., 5 Zi., 965m² unverb.Garten, freier
Blick, hochw.Küche, Kachelofen, D-Garage, abs. ruhig, Bj. 87.

Ein sofortiger Anruf bei der angegebenen Makleradresse führte nicht weiter; es war Ostersamstag und das Büro geschlossen. Erst am Dienstag nach Ostern brachten wir durch einen Anruf früh am Morgen in Erfahrung, dass es sich bei dem Schmuckstück um ein Haus am Hapberger Weg, Hausnummer 3, handle.

Allerdings konnte ein Besichtigungstermin erst für den nächsten Tag vereinbart werden, da der Makler schon ausgebucht war. Trotzdem fuhren wir sofort los, um das Haus wenigstens von außen zu besichtigen. Eine knappe Stunde später standen wir vor dem Haus, dessen Charme uns sofort gefangen nahm. Erst schon der hübsche efeuumrankte Torbogen, der gepflegte, gut eingewachsene Garten, dann das Haus im behaglich wirkenden bayerischen Landhausstil mit viel Holz und zwei großen Balkonen, eine mit Platten belegte riesige Terrasse mit gedecktem Sitzplatz und einem absolut freien Blick über die ganze Südseite, also eine ganze Hälfte des Himmels! Einfach unglaublich und überwältigend…

Am nächsten Tag regnete es zwar in Strömen und von dem angeblich vom oberen Balkon aus vorhandenen Gebirgsblick war absolut nichts zu sehen, aber sonst ergab die Besichtigung des Hauses nur Positives. Alles war trotz des trüben Wetters hell und freundlich, die Ausstattung mit Fließen und Parkett, im oberen Stock durchweg mit Teppichen, in bester Qualität, aber ohne übertriebenen Prunk; und ohne einen wunden Punkt, wenn man einmal davon absieht, dass das Wohnen auf zwei Ebenen stattfinden würde und kein Aufzug existierte, was bei unserem Alter und Mariannes Gehschwierigkeiten natürlich schon ein recht gewichtiger Punkt war.

Wir erfuhren, dass das Haus von dem Eigentümer in der Absicht gebaut worden war, dass er selbst „im Austrag“ dort einziehen würde, wenn er nach Landesbrauch seinen Hof an seinen Sohn übergeben werde; da der Sohn aber die Landwirtschaft nicht weiter fortsetzen wollte, sei daraus nichts geworden und Vater und Sohn wohnten nun weiter in dem großen Bauernhof zusammen. Insofern wolle man das „Austrags-Haus“, das bisher nur vermietet war, nun verkaufen. Sollte es jetzt zu unserem „Austragshäuserl“ werden?

Um es kurz zu machen: bereits am nächsten Tag gab ich ein verbindliches Kaufangebot ab und überwies eine Reservierungsgebühr an den Makler, damit dieser seine Verkaufsbemühungen einstellte. Und schon vierzehn Tag später wurde der Kaufvertrag beim Notar unterschrieben, so dass wir schließlich Ende Juni einziehen konnten. Und das alles, ohne auch nur eine einzige bauliche Veränderung an dem Haus vorzunehmen: alles war wie für uns gemacht, selbst unsere Möbel passten perfekt und fanden durchweg noch einen schöneren Platz als im alten Haus!

Wie war das noch mit dem „man soll einen alten Baum nicht verpflanzen“?
Jetzt saßen wir also plötzlich und für uns, wie erst recht für unsere Umgebung, ziemlich überraschend in Bernried, das zu diesem Zeitpunkt übrigens noch nicht als das schönste Dorf auf Landes- oder gar Bundesebene dekoriert war, deshalb aber natürlich nicht weniger schön als heute, wo es gleich drei Goldmedaillen vorweisen kann. Für uns war es schon damals so ziemlich das Schönste, was wir uns überhaupt vorstellen konnten und wir genießen die damit gewonnene „himmlische“ Horizonterweiterung mit einer Fülle an Licht, Luft und Sonne täglich dankbar und in vollen Zügen.

Und was das negative Image der Baumverpflanzung angeht: vielleicht ist es auch nur auf die Fälle zu beschränken, wo sie weitgehend passiv erduldet werden muss und meist im Zusammenhang mit erheblichen gesundheitlichen oder familiären Einschränkungen steht. Dies war bei uns ja glücklicherweise nicht der Fall. Ganz im Gegenteil: wir haben den Entschluss zum Ortswechsel ja nicht nur aus freien Stücken gefasst sondern mit Überzeugung, ja mit Begeisterung, und wir haben ihn bis jetzt auch in keinem Moment bereut.

Dazu kommt, dass wir uns der neuen Heimat Bernried schon seit geraumer Zeit angenähert hatten, ohne dessen so richtig gewahr geworden zu sein und erst im Nachhinein ist mir das überhaupt bewusst geworden. Und das geschah fast ausschließlich im Zusammenhang mit dem Hobby Segeln, das von mir ausgehend praktisch die ganze Familie „befallen" hat und deshalb hier auch noch etwas ausführlicher gewürdigt werden muss.

Der Beginn dieser Leidenschaft liegt weit zurück in meiner Kindheit. Ich war noch nicht einmal zwei Jahre alt, als meine Mutter meinem Vater „unser Steinebach" abgerungen hat. In erster Linie wollte sie für meine vierzehn Jahre ältere Schwester Anneliese ein kleines privates Plätzchen am Wasser haben, wo das junge Mädchen unbesorgt baden gehen könne, so begründet sie es jedenfalls in ihrem Tagebuch; wie weit ich als kaum Zweijähriger dabei auch schon eine Rolle gespielt habe, wird dort zumindest nicht erwähnt.
In meiner eigenen Erinnerung begann für mich damit jedenfalls die „große Freiheit", die dann dreieinhalb Jahrzehnte währen sollte. Der See wurde mein Meer, eine Welt mit unfassbaren Wundern, Naturerscheinungen, Tieren und Pflanzen, die täglich neu erobert werden wollte.

Zum Abenteuer Steinebach gehörte schon von Anfang an ein Ruderboot; nein, nicht nur so ein Ruderboot, es war mein Dampfer, mein Piratenschiff und eben auch, wenn gleich erst ein paar Jahre später, mein Segelboot, den es hatte Mast, Segel, Schwert und Ruder; in der Fachsprache, die ich bald erlernte, wird dieses Schiffchen ein aus Eichenholz geklinkerter Lugger genannt. Die Anfangsgründe der Wissenschaft vom Segeln hat mir mein Vater beigebracht, der es freilich nie selbst so richtig gelernt hatte. Außerdem begann schon drei Jahre später der zweite Weltkrieg und mein Vater, der in Ingolstadt in einer Munitionsfabrik seinen Dienst tat, konnte nur noch gelegentlich zu Besuch kommen, so dass ich mehr oder weniger auf mich allein gestellt war. Immerhin begann ich so etwa mit neun Jahren selber zu experimentieren, wobei natürlich meine Mutter, die selbst aber nicht segeln gelernt hatte, notfalls aber einfach das Segel herunterlassen konnte, eine wachsame, aber keinesfalls ängstliche Begleiterin abgab.

Hier ist nun nicht der Platz, meine Steinebacher Kindheitserlebnisse oder gar die Abenteuer der mein ganzes Leben begleitenden Segel-Leidenschaft zu schildern. Ich habe das ja inzwischen ausführlich in meinem Buch *„Den Wind in der Hand. Ein Leben unter Segeln"* getan (Verlag *Re di Roma).*
Wohl aber hat hier eine alte Seglerweisheit ihren angemessen Platz: „Jedes Schiff ist immer einen Meter zu kurz." So auch in meinem Seglerleben.

Allerdings hat diese Erkenntnis eigentlich nicht mit dem Schiff begonnen sondern mit dem See. Mit seinen gerade einmal vier Kilometern Länge und 800 Metern Breite erschien er mir mit zunehmendem Alter immer kleiner und ich versuchte zu erkunden, ob er nicht wenigstens durch einen Kanal mit dem nahen Ammersee verbunden werden könnte, um so mehr, seit ich entdeckt hatte, dass hinter der Insel in Bachern ein Bach seinen Weg quer durch einen Höhenzug von selbst zum Ammersee hinunter gefunden hatte. Und ich weiß sicher, dass ich oft in meinen Träumen einen solchen nicht existenten Schifffahrtsweg benutzt und mir so eine neues, größeres Revier erschlossen habe. Doch das dürfte wohl erst in den fünfziger Jahren gewesen sein, als ich schon mit der Olympia-Jolle, meinem ersten eigenen richtigen Segelboot, unterwegs war.

Davor liegt noch ein anderes Ereignis, das mir, wenn auch ungewollt, zu einem größeren Revier verhalf; und zwar noch mit dem Lugger, der übrigens nach meiner Schwester „Laia“ genannt worden war. Dieser Name erklärt sich daraus, dass Anneliese noch vor Ausbruch des Krieges eine Ausbildung als Laienschwester beim Roten Kreuz absolviert hatte.

Der unselige Krieg hatte längst ein Ende gefunden, als seine Folgen uns noch einmal hart getroffen haben. Nachdem ich die Sommer-Halbjahre vor und nach dem Kriegsende zusammen mit meiner Mutter weitgehend ungeschoren in Steinebach verbracht hatte, wurde unser Feriendomizil, das eigentlich nur im Sommer bewohnbar war, als Notwohnung für Flüchtlinge konfisziert und wir durften es nicht mehr betreten. Von 1948 bis 1951 war es dann von einem Ostflüchtling namens Roland Draack bewohnt, der sich allerdings widerrechtlich unter Angabe falscher Daten den Zugang zum Haus erschlichen hatte; mit Hilfe eines Gerichtsurteils des Landgerichts Starnberg konnte ihn mein Vater schließlich wieder loswerden und das völlig heruntergewirtschaftete Häuschen sanieren.

In der Zwischenzeit hatten meine Eltern aber wenigstens unsere Laia vom Wörthsee weg zur Schiffswerft Gottfried Simmerding nach Leoni am Starnberger See bringen lassen, wodurch ich Gelegenheit bekam, diesen noch näher vor den Toren Münchens gelegenen See ausgiebig kennen und lieben zu lernen. Leoni war von Solln aus, wo wir wohnten, mit dem Fahrrad –damals allerdings noch ohne Gangschaltung! – bei Rückenwind in etwa einer Stunde zu erreichen, und das war an schönen Tagen schon eine große Verlockung; die Hausaufgaben kamen dann allerdings oft zu kurz.

Eine besondere Attraktion und deshalb auch meist Ziel meiner Segelausflüge war dabei die Starnberger Seepromenade, wo erfahrungsgemäß die hübschesten Mädchen herumliefen, die einzuladen ich allerdings dann noch zu schüchtern war.

Auch die Sommerferien 1949 und 1950 verbrachten wir am Starnberger See. Zuerst war es Seeseiten, zwischen Seeshaupt und Bernried am Südende des Sees gelegen, wohin wir natürlich auch unsere Laia hinbrachten, ein Jahr später eine Ferien-Villa in Ammerland, wo ich dann mit meinen Segelkünsten auch erste kleine Erfolge beim weiblichen Geschlecht erringen konnte.

Bernried spielte dabei aber noch keine Rolle, denn die Marina Bernried gab es damals noch nicht; überhaupt hielt sich der Betrieb auf dem See noch in recht bescheidenen Grenzen. Vor allem Motorboote waren ausgesprochen selten. Ich freilich konnte schon mit einem Hilfsmotor aufwarten, denn mein Vater hatte als Leiter des Verkaufshauses der Robert-Bosch GmbH unter anderem Beziehungen zu der Motorenbau-Firma Rex, die auch einen kleinen Außenbordmotor herstellte. Es war zwar ein sehr unzuverlässiges Ding und ein fürchterlicher Stinker, aber bei sommerlicher Flaute doch sehr hilfreich. Dies konnte ich so recht feststellen, als der Motor auf der Rückfahrt von Seeseiten, schon bald den Geist aufgab und nicht mehr zum Leben zu erwecken war. Meine Eltern, die mit dem Auto schon nach Leoni vorausgefahren waren, vergingen fast vor Sorge, als ich bei Einbruch der Dunkelheit immer noch nicht in Sicht kam; mir blieb ja nichts anderes übrig, als den größten Teil der Strecke zu rudern, denn der Wind war längst schlafen gegangen. In dieser Situation hätte ich mir dann doch sehr gewünscht, dass der Würmsee nicht ganz so groß wäre.

Zurück am Wörthsee stimmte dann die Relation zwischen Boot und Seegröße wieder, so dass auch der „Stinker“ nicht mehr zum Einsatz kam; die Benützung eines Motors war wohl zu dem Zeitpunkt auch offiziell schon verboten worden. Das war auch weiter nicht schlimm, denn für mich war neben dem Fischen, zu dem ich recht häufig auch mit einem Vater zur schilfbestandenen Insel hinüber ruderte, nur noch das Segeln interessant und es machte mir diebische Freude, mich gelegentlich mit dem Lugger unter die Regatta segelnden O-Jollen zu mischen; ich erinnere mich gut, wie ich vor Stolz fast platzte, als die richtigen Segler anerkennend feststellten, dass ich – zumindest vor dem Wind – genau so schnell war wie sie und ich störte mich auch nicht weiter daran, dass sie meinen Lugger dabei recht despektierlich als „Schwammschaffel“ bezeichnet hatten.

Immerhin hatten meine Eltern ein Einsehen, dass „der Bub“, wie ich in ihren Gesprächen immer genannt wurde, endlich doch auch ein richtiger Segler werden wollte. Zu meiner riesengroßen Überraschung schenkten sie mir zu meiner Volljährigkeit, die damals noch mit dem 21sten Geburtstag eintrat, eine nagelneue, bei der Bootswerft Vötterl in Percha gebaute O-Jolle, mit der ich mich dann umgehend ganz offiziell an den heimischen Segelregatten beteiligte und dabei auch recht erfolgreich abschnitt. Auch auf anderen bayerischen Seen und darüber hinaus in der Schweiz und in Holland wurde *Papillon*, wie ich mein Schiff auf Vorschlag von Marianne getauft hatte, häufig gesehen.

Mit der wachsenden Familie war es mit der Zeit des „Einhand-Segelns“ schnell vorbei. Zunächst kamen nacheinander noch zwei reine Segelboote vom Typ Korsar, mit denen auch noch kräftig regattiert wurde – Mitsegler war mein spanischer Freund Joaquin -, doch dann hatte diese Epoche ihren Reiz so langsam verloren; vor allem die Zeit, die man oft auf dem See verbrachte, ohne wegen anhaltender Flaute überhaupt segeln zu können, war letztlich zumindest für die Familie eine verlorene Zeit, und so beschloss der Familienrat die Anschaffung eines „Häuselschiffes“, wie man in Bayern alle Boote nennt, die über eine Kajüte verfügen. Das ist dann auch der Zeitpunkt, wo aus einem Boot ein Schiff wird.
Es war aber auch der Zeitpunkt, wo zwar der eine Meter mehr Länge gut tat, wo sich aber auch schnell herausstellte, dass der Wörthsee für diese Art Boote einfach zu klein war. Da die schon erwähnte „Traum-Verbindung“ zum Ammersee immer noch nicht realisiert war, begann die Suche nach neuen Herausforderungen auf größeren Gewässern.

Dazu kam die endgültige Trennung von unserer Sommer-Residenz Steinebach, nach insgesamt 38 Jahren und mit einer Wertsteigerung von einigen hundert Prozent für das Grundstück, das meine Eltern mir schon Anfang 1970 geschenkt hatten, als sie selbst altershalber nicht mehr in der Lage waren, sich in dem steilen Gelände zu bewegen.

Ja und da kam dann Bernried ins Spiel. Es war genau der Zeitpunkt, wo die Marina bezugsfertig war, und so pilgerte ich also zu deren Eigentümer Johann-Lorenz Mayr, der damals noch in der Wolfratshauser Straße beim „Bauern am Berg“ am Südrand von Sendling wohnte und durch den Verkauf seiner Äcker an Siemens so viel Geld bekommen hatte, dass er halb Bernried aufkaufen konnte.

Nachzutragen ist noch, dass aus Bernried in einer Notzeit sondergleichen Hilfe zu uns gekommen war, und zwar in Gestalt unserer langjährigen treuen Haushälterin Marianne Meier; sie hatte dort die Haushaltschule absolviert und war uns sozusagen vom Himmel geschickt worden, als meine Marianne selbst infolge ihrer Gehirntumor-Operation für Jahre so gut wie ganz als Hausfrau ausgefallen war. Auch später fuhr unsere Marianne sonntags noch gern nach Bernried, um Schwester Fidelis, ihre Lehrmeisterin zu besuchen. Erst vor ein paar Monaten besuchte uns Marianne wieder in Bernried und bei dieser Gelegenheit natürlich auch Schwester Fidelis, die sich noch guter Gesundheit erfreut.

Unser Aufenthalt, oder richtiger der Liegeplatz unseres Schiffes „*Tom Dooly I*“ war aber nur kurz in Bernried, schon im nächsten Jahr zog es uns weiter nach Süden.
Leicht größenwahnsinnig geworden hatten wir unseren mit 22 Fuß für das Meer wirklich winzigen Neptun über die Alpen zum Golf von Neapel getrailert und dort in den Sommerferien einen ersten richtigen „Blauwassertörn“ gesegelt. Entsprechend der schon zitierten Seglerweisheit erwies sich *Tom Dooly I* dort tatsächlich als deutlich zu klein, und zwar nicht nur um den berühmten einen Meter. Doch näherten wir uns im Lauf der Jahre schön langsam der für uns idealen Größe unseres segelbaren „Schneckenhauses“, die letzten Endes dann mit unserer Motorsegelyacht *Balimena* bei 42 Fuß lag. Die dazwischen liegenden Schiffe *Tom Dooly II* und *Tom Dooly III* übergehe ich hier, da das Kapitel „Annäherung an Bernried“ sonst doch zu sehr ausufern würde.

So schließt sich also nun der Kreis. *Balimena* ist 2002 von uns „ohne Blick zurück im Zorn“ verkauft worden, wobei sicher auch die Vorstellung hilfreich war, dass wir ja jederzeit auch mal wieder auf dem Starnberger See mit Stephans Jollenkreuzer einen kleinen „Schlag“ machen könnten, wenn uns danach wäre. Tatsächlich ist es uns bisher aber gar nicht danach gewesen, wir haben ja jetzt den Himmel auch auf unserer schönen Terrasse über uns und den Gebirgsblick noch obendrein. Und ob der Wind weht oder nicht ist dabei fast ohne Bedeutung.
Der Redlichkeit wegen sollte ich aber doch auch sagen, dass das Segeln generell, aber insbesondere das unberechenbare Gebaren von Wind, Wetter und Meer zunehmend zu einer Art Hassliebe bei mir geführt hat. Der prüfende Blick zum Himmel ist ganz ohne Zweifel sehr viel gelassener geworden, seit da die Verantwortung für die Sicherheit eines Schiffs und seiner Mannschaft, die doch zumindest im Unterbewusstsein ständige Alarmbereitschaft hervorrief, nicht mehr gegeben ist. Die latente Bedrohlichkeit der Wetterentwicklung ist nun in Bernried wieder auf sein ursprüngliches Maß zurückgeführt, dem im Normalfall eher mit Neugier als mit Angst begegnet werden kann.

Noch ein letzter gewichtiger Grund dafür, dass Bernried uns so stark angezogen hat, ist natürlich darin zu sehen, dass wir dort mit Stephan und seiner Familie auf die „Vorhut“ getroffen sind, die bereits seit vielen Jahren dort lebt und das Leben dort auch für gut befunden hat.
Stephan hat es in beruflichem Zusammenhang dorthin verschlagen. Da er seine Lehre als Bootsbauer in der Bootswerft Obermeier in Pöcking gemacht und danach auch dort geblieben war, fiel ihm Bernried mit der Arbeit als Bootsbaumeister in der dortigen Marina sozusagen in den Schoß, denn Sebald Obermeier wurde 1987 die Betreuung der Marina, der etwa 300 dort liegenden Schiffe sowie des gesamten Ha-

fenbetriebs angeboten und Stephan zog als sein zweiter Mann mit. Inzwischen ist er auch sein Nachfolger geworden und hat nach einigen Zwischenstationen auch den Wohnsitz der Familie dorthin verlegt. Jetzt wohnen wir nur etwa 200 Meter voneinander entfernt im Oberdorf von Bernried und haben wieder häufig herzlichen Kontakt, der vorher seit seinem Start in ein eigenständiges Leben und dem Wegzug aus Großhesselohe naturgemäß doch nur noch sehr sporadisch zustande gekommen war.

Doch zurück zu der Versetzung der alten Bäume.

Wenn ich vom Himmel über Bernried spreche, so meine ich damit nicht nur die Natur und die landschaftliche Schönheit, sondern auch die ganze Atmosphäre, ja das ganze dörfliche Leben, das sich so erfreulich unterscheidet vom Leben in der Stadt. Schon die Luft am Rande der Alpen ist „himmlisch“: spürbar kräftiger und ländlich würzig, manchmal freilich auch allzu würzig, wenn gerade einmal wieder die weite Wiesenlandschaft vor unserem Zaun geodelt wurde; in jedem Fall ist sie noch nicht von den Schadstoffen des Verkehrs und der Industrie wie im Großstadtbereich belastet. Der See und die nahen Berge wirken sich in dieser Beziehung spürbar positiv auf sie aus und die in München ja immer dramatischere Formen annehmende Feinstaubbelastung kann hier getrost vernachlässigt werden, was sich unter anderem auch an der lang anhaltenden Sauberkeit der weißen Vorhänge erweist.

Ganz besonders empfinden wir auch eine Veränderung der Gemütslage als positiv; der menschliche Umgang miteinander hier im Ort und im ganzen bayerischen Oberland ist ein ganz anderer , als wir ihn von der Stadt gewohnt sind. Die Gesichter der Menschen, die einem begegnen, sind in der Regel freundlich zugewandt, man grüßt sich noch mit dem schönen „Grüß Gott", auch wenn man sich nicht kennt; der Stress durch die Hetze des Alltags scheint die Menschen noch nicht oder doch noch wenig zu tangieren. Selbst im *Aldi Süd,* der hier etwas kleiner ausgefallen ist als sonst üblich und wo schon einmal das Durchkommen mit dem Einkaufswagen wegen des gleichzeitigen Nachfüllens der Verkaufsregale gebremst ist, wird die Situation vom Filialleiter mit einem *„nur langsam, mir hamm scho Zeit"* entspannt. Überhaupt ist die meistgebrauchte Floskel, wie mir scheinen will, das bayerische „passt scho!", wogegen das sonst übliche „o.k." eher noch ein Fremdwort zu sein scheint.

Bernried hat ja nun in diesem Jahr (2007) in dem Wettbewerb „Unser Dorf soll schöner werden, unser Dorf hat Zukunft" gleich drei Goldmedaillen gewonnen, auf Bezirks-, auf Landes- und auf Bundesebene. Vereinfacht ausgedrückt können wir also sagen, dass wir nun im schönsten Dorf Deutschlands leben. Es ist hier nicht der Ort, im Detail zu erforschen, was alles dazu geführt hat, dass Bernried diese Auszeichnungen erhalten hat. Seine zwei Parks, der den ganzen Ort durchziehende Grüngürtel, der reiche alte Baumbestand, seine zwei Kirchen und zwei Schlösser zusammen mit seiner Lage am See und vor den Bergen des Alpenhauptkamms ist sicher eine ausgezeichnete Mischung aus natürlichen Vorzügen der Natur und einer glücklichen geschichtlichen Entwicklung, gepaart mit einem häufig spürbar werdenden Bemühen vieler Bewohner, eben diese einmalige Schönheit zu pflegen und zu erhalten.
Man sieht das aber nicht nur an den Häusern und Gärten, sondern auch in einem weit überdurchschnittlichen Engagement Vieler für das dörfliche Leben, für die „Dorfgemeinschaft", die im Zusammenhang mit den Festlichkeiten zur Feier der Goldmedaillen als an vorrangiger

Stelle stehend immer wieder beschworen wurde. So haben im Vorfeld des Wettbewerbs mehr als 100 Leute in Zukunftsbild-Gruppen über lange Zeit Ideen entwickelt und Leitlinien erarbeitet, wie es in den nächsten 15 Jahren weitergehen soll. Und im Vorfeld der anstehenden Gemeinde- und Landratswahl wurde meines Erachtens deutlich, dass es vor allem auch die aus den Städten „Zuagroast`n" sind, denen es ein Bedürfnis ist, das, was sie von Bernried empfangen durch persönlichen Einsatz zurück zu geben.
Man darf nur hoffen, dass dies alles keine Fensterreden in Wahlzeiten sind sondern auch auf Dauer eine gesunde Basis für die weitere Entwicklung – negative Beispiele in diesem Punkt gibt es leider in den Nachbargemeinden am See zuhauf.

Nach dieser politischen Einlassung möchte ich aus der Erfahrung mit unserem Ortswechsel noch nachtragen, was uns den Umzug eines langjährigen Sechs-Personenhaushalts mit fünfeinhalb Zimmern, Wintergarten, mehreren Kellern, Speicher, Garage und großen Garten nach über fünfzig jährigem Bewohnen erleichtert hat.

Abgesehen von einer ausgefeilten Logistik und Strategie für den Umzug, die sich sehr gut bewährt hat und sowohl für die ausgezeichnete Umzugstruppe (Fa. Helm, Pullach) als auch für uns selbst einen weitgehend stressfreien Ablauf gewährleistete, sind hier die doch sehr in den emotionalen Bereich reichenden Vorüberlegungen und Entscheidungen zu nennen: was nehmen wir mit und von was trennen wir uns? Wir haben uns aber dazu durchgerungen, uns von allem Ererbten, uns also Zugewachsenem, ohne dass wir es aus gemeinsamer Überzeugung wirklich besitzen wollten, zu verabschieden. Das war dann, als die Entscheidung dafür gefallen war, auch das Ende für einen im Grunde wenig überzeugenden Stilmix und gleichzeitig ein Befreiungsakt, der zu einer ganz von uns geprägten Lebensform führte, die sich nun auch durchgängig in einem bayerisch-bäuerlichen Wohnstil ausdrückt.

Das Stichwort „bayerisch“ veranlasst mich zu einer weiteren Bemerkung zur Veränderung unserer Gemütslage.

Meine Eltern kommen ja, wie an anderer Stelle nachlesbar, aus Württemberg; von daher habe ich also eine rein schwäbische Vorfahrenreihe. Geboren bin ich allerdings in München, und ich habe immer Wert darauf gelegt, als Bayer zu gelten. Im Haus meiner Eltern musste ich zwar dialektfreies Hochdeutsch sprechen, aber in der Schule in Solln und natürlich erstrecht in Steinebach hatte ich Gelegenheit, bayerisch zu lernen und es machte mir viel Freude, es beim Wandern oder Skifahren in den bayerischen Bergen auch zu praktizieren. Hier in Bernried, wo die bayerische Mundart noch vorherrschend gesprochen wird, fühle ich mich auch in dieser Beziehung nun richtig „zu Hause“.
Marianne als Düsseldorferin hatte es damit naturgemäß wesentlich schwerer; jetzt aber gewinnt sie zunehmend Freude an der bayerisch-barocken Lebensart, wobei die Landschaft und vor allem die Kunst des Pfaffenwinkels einen gehörigen Beitrag zu ihrer „Integration“ leistet.

Alles in Allem kann ich also aus vollem Herzen – und das ist durchaus wörtlich zu nehmen – feststellen: unser später Umzug von Großhesselohe nach Bernried war eindeutig das Beste, was uns passieren konnte und hat für uns beide zu einer inneren und äußeren Lebenserneuerung geführt, bildlich gesprochen zum erneuten Blühen der schon fast abgestorbenen alten Bäume, was nicht nur wir sondern auch unsere Kinder und Freunde feststellen. Beide haben wir das Gefühl, dass wir jetzt (erst) in unserer wirklichen Heimat angekommen sind.

Die Geschichte ließe sich allerdings sicher nicht so frohen Herzens berichten, wenn nicht auch ihr letzter Teil so elegant über die Bühne gegangen wäre: der Verkauf unseres alten Hauses.
Eigentlich wollten wir es zunächst behalten und weiter vermieten, nicht zuletzt wegen unserer Freunde Barbara und Gunther, die erst vor drei Jahren in den oberen Stock eingezogen waren und die ich nicht hinauswerfen wollte. So hatte ich bei der Bank bereits ein Hypothekendarlehen besorgt, dessen Zinsen aus der laufenden Miete der beiden Wohnungen bezahlt werden sollten. Finanziell wäre die Rechnung wohl auch aufgegangen.
Es stellte sich aber bald heraus, dass eine so große Wohnung zwar Liebhaber gefunden hätte, aber nicht die Miete gebracht hätte, die in meine Rechnung eingesetzt war. Dafür meldete sich aber ein Interessent, der das ganze Haus kaufen wollte. So geschah es auch. Uns konnte es nur recht sein, denn dann war ein für alle Mal Ruhe damit, denn als Vermieter hätten wir doch immer eine große Last mit uns herumgetragen. Mit der Unterschrift unter den Kaufvertrag bei einem Berliner Notar war alles erledigt und wir haben seither das Haus nicht mehr gesehen, geschweige denn betreten. Der Schlussstrich hätte radikaler kaum sein können. Die neue Heimat hat uns so stark in Besitz genommen, dass auch nicht das leiseste Gefühl von Wehmut durch die Trennung von Großhesselohe aufgekommen ist.

So ist es wohl auch kein Wunder, dass unser Haus am Hapberger Weg 3 inzwischen zum Familien-Mittelpunkt geworden ist und auch von den Freunden aus München gern besucht wird. Von Alterseinsamkeit kann jedenfalls wirklich nicht die Rede sein! Auch dafür sind wir dem

Himmel unendlich dankbar. Möge es uns gewährt sein, dass wir es zusammen noch lange genießen können.

Kleine Vogelkunde
Oder:
Vom Fliegen
(aus meinem Costa Rica – Tagebuch)

Wenn sich der neue Tag am Osthimmel mit einem ersten hellen Streifen ankündigt, erwacht auch schon das Leben im Dschungel; die Tiere des tropischen Regenwaldes sind keine Langschläfer. Das Vogelkonzert beginnt zwar erst mit wenigen zaghaften Stimmübungen, aber der Affenchor ist schon in voller Aktion: die Brüllaffen, die haulers, wie sie auf englisch genannt werden, markieren mit ihrem gebieterischen Gebrüll ihr Revier; es ist eine Mischung aus Löwengebrüll und Hundegebell, beginnt mit hohen Tönen und endet etwa eine Oktave tiefer. Immerhin dauert dieses markerschütternde Geheul eines „haulers" fünf bis sechs Sekunden, die Affen müssen also mächtige Lungen haben, um sich so lautstark bemerkbar zu machen. Und fängt einer erst einmal an, dann antworten ihm von nah und fern die Revierkonkurrenten. Und wenn sich eines der Tiere irgendwo in der Nähe befindet, ist an Schlaf nicht mehr zu denken, es sei denn, man hat sich Stöpsel in die Ohren gesteckt.
Die Brüllaffen sind vor allem am frühen Morgen und am Abend zu hören. Zu sehen sind sie allerdings nicht so leicht, denn sie turnen fast immer in dem dichten Laub der hohen Urwaldbäume herum, wo sie auch ihre Nahrung finden.

Die Zikaden, deren etwas eintöniger Gesang die ganze Nacht zu hören war, sind inzwischen verstummt. Dafür mischen sich weitere Stimmen in den Affenchor. Das große „Birdwatching", dessentwillen viele Touristen nach Costa Rica kommen, beginnt erst einmal mit einer akustischen Vorübung, sozusagen dem „Birdhearing“. Dem Experten bzw. dem, der es werden will, wird empfohlen, sich schon vor seinem Besuch im Land eine CD mit den verschiedenen Vogelstimmen zu kaufen, um sie später besser unterscheiden zu können und damit eine größere Chance zu haben, um den jeweiligen Sänger in den Baumkronen auch zu entdecken.

Nun, ich will kein Experte werden. Für mich als „Sprach-Jongleur“, wie ich mich gern bezeichnen möchte, ist es viel verlockender, den Vogelstimmen einfach zu zuhören, ihnen dabei vielleicht auch menschliche Laute unterzuschieben. Der Reiz besteht für mich darin, aus den Gesängen eine für uns verständliche Sprache herauszuhören, was zugegebenermaßen etwas willkürlich ist.

So höre ich dann in meiner Phantasie eine Vogeloper mit ganz amüsanten Rufen wie:

Cherry, cherry, cherry
Sweety, sweety,
Komm rüber, komm rüber,
zieh mit, zieh mit
vite, vite, vite
gib dir Müh, gib dir Müh!
spirit, spirit
easier, easier,
ist es wichtig, ist es wichtig?
Lieber nicht, lieber nicht!
Cäcilia, Cäcilia, Cäcilia,
Her majesty, her majesty
Kirikit, Kirikit

Viel zu viel, viel zu viel
Oder manchmal auch drastischer:
Zu viel, du Depp!
So what, so what.

Aus welcher Kehle diese anspornenden oder auch warnenden Rufe kommen, bleibt in der Regel offen, meist sind es aber die kleinen Vögel, die so hübsche Stimmen haben. Die I-Laute sind dabei sehr dominant, deshalb sagen wir ja auch singen oder zwitschern – eigentlich ist es verwunderlich, dass wir die kleinen zwitschernden Gesellen Vogel nennen und nicht etwa Viegel.

Anders die großen Vögel, die es mehr auf optische Wirkung abgesehen zu haben scheinen. Ihr Lied ist zu einem rabenartig krächzenden Schreien verkümmert, was bei ihrem krummen Schnäbeln vielleicht auch kein Wunder ist. Dafür sind die Koloraturen ihres Federkleids um so imponierender, was ja von der Natur auch so gewollt ist. Diese großen Vögel wie hier im Urwald von Costa Rica vor allem die roten Papageien, die in fragwürdiger menschlicher „Obhut" oft so erbärmlich zurecht gestutzt werden, in ihrem natürlichen Lebensraum agieren zu sehen, ist schon allein die Reise hierher wert. Und zum Glück hat sie auch noch niemand gelehrt, *„guten Morgen, Herr Pastor"* oder *„Halt's Maul, du Scheißkerl"* zu sagen, wie ihnen das ja von manchen Menschen anerzogen wird.

Etwas weniger eindrucksvoll als die roten Papageien sind die grünen Aras, deren unüberhörbares Geschrei mich stark an eine Katze erinnert, der man aus Versehen auf den Schwanz getreten hat, und das sogar während des Fluges, denn tatsächlich schreien sie mit Vorliebe beim Fliegen.

Im Unterschied dazu habe ich von den zahlreich zu sehenden Geiern bisher noch keinen Laut gehört; ihr Geschäft ist das schweigende Lauern auf Beute. Dafür sind sie elegante Flieger und kreisen oft stundenlang ohne einen Flügelschlag in der Luft. Offenbar sind sie auch bei anderen Bewohnern der Lüfte nicht gern gesehen, denn ich habe oft beobachtet, wie sie auch von deutlich kleineren Vögeln angegriffen und vertrieben werden.

Auch die großen Pelikane scheinen keine Freunde von übertriebener Konversation zu sein: majestätisch, aber stumm gleiten sie durch die Wellentäler, ohne je mit den anbrausenden Wogen in Berührung zu kommen. Dabei sind sie durchaus nicht wasserscheu, denn ihre Beute holen sie durch ein blitzschnelles Eintauchen ins Meer, und meist haben sie dabei auch Erfolg, was man unschwer an dem dann gefüllten Hautsack unter dem Schnabel feststellen kann. Wenn sie allerdings gemeinsam in wohlgeordnetem Formationsflug hoch über dem Wasser dahin ziehen, erinnern sie mit ihren wie ein Waschbecken-Sifon nach hinten gebogenen Hälsen eher an ein schweres Frachtflugzeug.

„Flugzeuge" der besonderen Art sind die Kolibris, die Stehflieger. Wenn man ihrem Nest zu nahe kommt, bauen sie sich regelrecht stehend in der Luft vor dem vermeintlichen Angreifer auf, schießen ein paar mal – immer wieder kurz anhaltend – hin und her, und man hat den Eindruck, dass sie durchaus in der Lage sein könnten, mit ihrem langen gebogenen Schnabel einen Angriff auf unsere eigenen Augen zu starten. Dabei verursachen sie durch ihren Stehflug ein recht bedrohlich klingendes tiefes Brummen, was an eine übergroße Hummel denken lässt; ihr Stimmchen dagegen entspricht ganz ihrer winzigen Körpergröße.

Nicht zu vergessen ist natürlich der Exote unter den tropischen Exoten: der Tukan. Als Verwandter der Papageien hat er einen übergroßen Schnabel entwickelt, der den ganzen Vogel ständig aus dem Gleichgewicht zu bringen scheint. Welche Futternische er damit für sein Überleben zu nutzen versteht, habe ich leider nicht herausbekommen.

Wie schon gesagt: meine kleine Vogelkunde erhebt keinesfalls einen wissenschaftlichen oder gar erschöpfenden Anspruch.

Dafür nehme ich aber eine andere, und vielleicht sogar wichtigere Botschaft aus meiner Vogelbeobachtung in Costa Rica zurück mit nachhause. Sie lautet:

> Jeder Vogel hat seine eigene Stimme
> Jede Stimme unterscheidet sich von den anderen
> Jeder ist frei, seine Stimme überall und jederzeit zu erheben
> Keiner verbietet dem anderen, sich zu äußern
> Die Stimme ist nicht abhängig von der Größe oder von der Farbenpracht des Gefieders
> Jede Stimme hat Recht, keine hat rechter oder gar am rechtesten
> Es gibt im Vogelkonzert keinen Dirigenten, alle sind gleichberechtigte Individualisten
> Keiner der Vögel trägt irgendeinen Besitz mit sich herum.

Vielleicht ist es das, warum Vögel fliegen können – und wir nicht?

Versuch über Engel

Prolog.

Wir sind umgezogen, völlig überraschend für alle, auch für uns selbst. Obwohl wir nun schon fast vier Monate im neuen Haus in Bernried wohnen, können wir es manchmal noch gar nicht richtig glauben. Vielleicht fühle ich mich deshalb so gedrängt, der Geschichte, die sich da abgespielt hat, durch das Nacherzählen ein Stück mehr Realität zu verleihen.

Dass ich mein Unternehmen ausgerechnet mit dem Titel *Versuch über Engel* überschreibe, geht darauf zurück, dass sich im letzten Jahr so viel Seltsames und Unglaubliches, ja sogar Wunderbares ereignet hat, dass durchaus die Vermutung nahe liegt, Engel seien dabei im Spiel gewesen. Aus meiner Sicht halte ich das auch für wahrscheinlich. Im Hintergrund steht jedoch auch mein Wunsch, mir in der Rückschau auf mein Leben über die darin wirkenden Kräfte Gedanken zu machen.

Allerdings ist hier zunächst eine Warnung angebracht: Beweise für das Mitwirken von Engeln sollten nicht erwartet werden; bei Engeln handelt es sich nach allgemeinem Verständnis um *über*natürliche Wesen, von denen bestenfalls gelegentlich ein sanftes Flügelrauschen zu vernehmen ist. Und da sie, wenn man die bildende Kunst als Maßstab heranzieht, keine Schuhe tragen, ist es schon von daher schwer, ihnen Unerklärliches so einfach in die Schuhe zu schieben.

Jedenfalls steht hinter dem Geschichtenerzählen die durchaus ernst gemeinte Frage: Engel, gibt's die? Und da Fragen bekanntlich immer neue Fragen heraufbeschwören, geht es letztlich auch um die Frage: waltet Sinn oder Zufall im Leben?
So suche ich also nach Ereignissen in meinem Leben, bei denen ein Engel die Hand im Spiel gehabt haben könnte.

Heute, am Anfang des dritten Jahrtausends, sind Engel, so scheint es mir jedenfalls, durchaus wieder „in". Das zeigt schon eine Anfrage bei *Google* im Internet, die für das Stichwort „Engel" derzeit mehr als zwölf Millionen Eintragungen erbringt.
Auch wenn man dies nicht unbedingt als eine Konkretisierung der biblischen Angaben über die Zahl der himmlischen Heerscharen verstehen kann, so beweist doch ein flüchtiger Blick in die Auslage einer esoterischen Buchhandlung, wie gut sich Engel derzeit vermarkten lassen. Und seit die Filmindustrie gelernt hat, auch Unsichtbares sichtbar zu machen, sind Engel sogar auf der Leinwand durchaus nichts Ungewöhnliches mehr. Mir persönlich scheinen allerdings etwa die Engel bei Wim Wenders in *„Himmel über Berlin"* einer etwas traurigen Gattung anzugehören, aber vielleicht ist ja auch hier der Spruch erlaubt, dass ein trauriger Engel besser ist als gar keiner, was ja sonst vorwiegend von Heiligen gesagt wird.

Und wenn selbst ernsthafte Wissenschaftler wie z.B. Elisabeth Kübler-Ross in ihrer Lebensgeschichte von Engeln berichtet, die sie sogar gesehen hat, so befindet man sich in guter Gesellschaft, wenn man sich mit seinen Engeln befasst, auch wenn man sie nicht gesehen hat.

Im Übrigen halte ich es mit Shakespeare, wonach es mehr Dinge im Himmel und auf Erden gibt, als unsere Schulweisheit sich träumen lässt (*Hamlet*).

1. Engel in meinem Leben

Mein Kontakt zu Engeln war in der ersten Kindheit sehr intensiv, der Schutzengel im täglichen Abendgebet eine feste Größe. Ich fand es deshalb auch durchaus in Ordnung, dass hoch oben über der Krippe von Bethlehem der *Englein Motor* schwebte, wie ich im Weihnachtslied nach dem Bericht meiner Mutter statt der *Engelein Chor* voll Begeisterung mitsang.

Meine Eltern nannten mich in der ersten Zeit übrigens wegen meiner Stupsnase *Stupsi*. Nach den Aufzeichnungen meiner Mutter habe ich etwas später, als ich in den Kindergarten kam, heftig dagegen protestiert. Dort findet sich auch ein Satz, den ich als Neunjähriger gesagt haben soll, der mich erst jetzt nachdenklich macht. Als meine Mutter die Nachricht vom Tod meiner Schwester Anneliese durch einen Fliegerangriff in München bekam, soll ich gesagt haben: *Mutti, weine nicht, was Gott tut, das ist wohlgetan.* Und sie schreibt: *Die Worte des Buben waren mir Kraft und Trost in diesen Tagen.*
Aus heutiger Sicht hat sich da etwas durch meinen Mund ausgedrückt, was eindeutig nicht meinem Kopf entsprungen war. Heute vermute ich, dass ich in diesem Moment nur Sprachrohr eines anderen Trösters war, der sich meiner bedient hat. Auf dieses „Angestupstwerden" durch einen Engel wird noch zurückzukommen sein.

Im Lauf des späteren Lebens schränkte sich dann aber mein Umgang mit Engeln auf leichter fassbare Beschäftigungen ein, wie etwa das Aussägen und Bemalen von Krippenfiguren, was für mich kurz nach dem Krieg ein richtiges Hobby wurde und geradezu in einen Wettbewerb zwischen meinen Schulkameraden und mir ausartete.
Dass mir im Übrigen mein Schutzengel eine gewisse Vernachlässigung meinerseits nicht weiter verübelt hat, sondern trotzdem seiner Arbeit zuverlässig nachgekommen ist, lässt sich aus mindestens drei Situationen erkennen, in denen mein Leben, landläufig ausgedrückt: *keinen Pfifferling mehr wert* war. In einem dieser Fälle ging es übrigens tatsächlich um Pilze, aber nicht um Pfifferlinge, sondern um eine ganze Knollenblätterpilzmalzeit, aber das ist eine andere Geschichte. Erwähnen möchte ich hier nur mein Gedicht *Versuch einer Ortsbestimmung*, das in der Intensivstation des Krankenhauses zu einer Zeit entstanden ist, als noch nicht klar war, ob ich mit dem Leben davonkommen würde; gerade aus den letzten Zeilen wird deutlich, wie sehr ich damals um neue Richtungsgebung gerungen habe.

Wenn man Kinder die Frage stellt, was Engel von uns Menschen unterscheidet, so wird schnell die Antwort kommen: die Flügel. Schon jedes Kind weiß eben, dass Engel fliegen können, also etwas, was wir normalerweise nicht können.
Allerdings gilt letzteres nicht für unsere Träume. Ich kann jedenfalls von mir berichten, dass ich in früheren Jahren im Traum genüsslich fliegen konnte, und ich nehme an, dass andere auch über diese Traum-Fähigkeit verfügen. Allerdings war mein Fliegenkönnen keineswegs mit der Vorstellung verbunden, ein Engel zu sein. Auch besaß ich keine Flügel, ich flog, indem ich einfach die Arme wie ein Vogel seine Schwingen ausbreitete und mich von irgendeinem erhöhten Punkt abstieß. Die warme, vom Boden aufsteigende Luft trug mich über

Wiesen und Wälder. Es war ein berauschendes, beglückendes Gefühl, so ganz losgelöst von jeder Erdenschwere von der Luft getragen zu werden und ohne jede Absturzangst zu fliegen.

Leider hat sich diese Art wundervollen Träumens mit dem Älterwerden bei mir verloren. Eine Zeit lang träumte ich noch von einer rudimentären Flugform: ich brauchte nur die Knie anzuziehen und schon schwebte ich zu meiner eigenen Überraschung ohne jeden Bodenkontakt etwa einen Meter über dem Grund. Und das viele Jahre vor Harry Potters eindrucksvollen Flugübungen.

Wenn es richtig ist, was ich einmal in einem Buch über Träume gelesen habe, dass die meisten Menschen zumindest in jungen Jahren in ihren Träumen fliegen können, dann stellt sich mir die Frage: woher stammt diese Fähigkeit? Könnte es vielleicht sein, dass wir noch vage Erinnerungen an Zeiten eines anderen Bewusstseins in uns tragen, in dem andere Regeln herrschen und andere Möglichkeiten gegeben sind? Dann wäre das doch ein deutlicher Hinweis darauf, dass wir vom Engel-Sein gar nicht so weit entfernt sind, wie wir das meist glauben. Doch will ich mich hier nicht weiter auf Spekulationen einlassen sondern weiter aus meinem Leben berichten.

Ein sehr schmerzliches Ereignis hat meine Beziehung zu Engeln dann wieder aktiviert: der plötzliche Tod meines ersten Enkels Markus. Er hat uns schon nach neun Monaten seines fröhlichen und uns froh machenden Erdendaseins wieder verlassen und uns sprach- und ratlos zurückgelassen. Meine Empfindungen habe ich damals in den *„Worten eines Großvaters“*, in denen auch Engel eine Rolle spielen, auszudrücken versucht. Die Vorstellung von Engelwelten hat sich in mir dadurch neu belebt und wurde zu einem wirkungsvollen Trost.

Nach dieser recht allgemeinen Befindlichkeitsbeschreibung in Sachen Engel will ich nun zur Schilderung der Ereignisse kommen, die sich im letzten Jahr zugetragen haben und die der eigentliche Anlass zu meiner Erzählung sind.

2.Garagael

Wer sich in der Engelskunde etwas auskennt, weiß, dass die Endung „el“ denjenigen Engeln vorbehalten ist, die direkt bei Gott sind, denn „el“ heißt auf hebräisch *bei Gott.* Den Namen *Garagael* dürfte dagegen selbst ein Engels-Experte noch nicht gehört haben. Ich habe ihn nämlich erst vor kurzem erfunden.

Oh ja, es gibt *Garagael* wirklich! Er steht auf kräftigen, tönernen Füßen auf unserem Kachelofen. Ich kann aber glaubwürdig versichern, dass er auch schon geflogen ist!
Sein Name kündet von seiner Geburt in einer Garage; und diese Garage gehört einem weiblichen Wesen aus Fleisch und Blut, das sich selbst den Namen *Gara* gegeben hat. Wer sich dafür interessiert, kann die Hintergründe ihrer Namensänderung in ihrem Buch *Zurück zum Selbst* nachlesen.
Sie berichtet darin von ihrer plötzlichen schweren Erkrankung an Multipler Sklerose und ihrer schrittweisen Selbst-Heilung durch die Rückkehr zu ihrem eigentlichen Selbst.
Als wir sie in Punta del Hidalgo, einem kleinen Ort im Norden von Teneriffa, kennen lernten, war sie augenscheinlich wieder völlig gesund und steckte voller Aktivitäten. Der von ihr selbst gewählte Name *Gara*, der aus dem Namensschatz der Quanchen, der Ureinwohner

von Teneriffa stammt, soll nach ihren eigenen Bekundungen ihre innere Verwandlung zum Ausdruck bringen. Bürgerlich trägt sie den Namen Theodora Giffhorn.

Für mich enthält ihre Geschichte eine Botschaft, die ich schon an mir selbst erfahren habe: Krankheiten sind ein Hinweis, dass etwas mit dem eigenen Leben nicht zum Besten steht und dass eine Veränderung wesentlicher Lebensumstände zum Heil-Werden erforderlich ist. Damit stellt sich die Frage: sind Krankheiten also auch göttliche Botschaften, wie es die Engel sind? Schließlich heißt „Engel“, das vom lateinischen „angelus“ kommt, ja Bote!
In *Garas* Umfeld jedenfalls spielen Engel seither eine bedeutende Rolle.

Es gibt aber noch einen dritten Grund für die Namensgebung *Garagael.* In meiner “*Sinnsuche*“ habe ich von einem offenbar verwirrten Mann erzählt, der unablässig das Wort *Garagale* vor sich hin sprach. Sein ganzes gestisches Gehabe hatte dabei zum Ausdruck gebracht, dass er beim immer wiederholten Aussprechen des Wortes bemüht war zu überprüfen, ob er das Wort ganz richtig verstanden habe. Meine verschiedenen Deutungsversuche dieses Erlebnisses sind, wie sich nachlesen lässt, ja trotz aller Bemühungen nicht zu einem schlüssigen Ergebnis gekommen. Jetzt aber drängt sich mir eine neue Deutung auf:
Sollte er etwa gar nach dem Wort *Garagael* gesucht haben, das ich damals noch gar nicht erfunden hatte?
Ich hätte großes Verständnis, wenn dieser zunächst etwas abwegig erscheinende Deutungsversuch beim Leser eher Unbehagen hervorruft; ich gebe diese Assoziation auch nur sehr zögernd wieder. Andererseits vermutet der englische Biologe *Rupert Sheldrake* aufgrund

seiner Studien, dass die Geist-Seele so etwas wie ein Kraftfeld darstellt, also ein eng verwobenes Geflecht, und dass also alles mit allem zusammenhängt. Und er ist nicht der Einzige, der zu diesem Ergebnis gelangt ist. Wenn er damit Recht hätte, wäre mein letzter Deutungsversuch nicht so einfach von der Hand zu weisen.

Aus unserem Urlaub auf Teneriffa ist noch zu berichten, dass uns dort Engel in weiteren Erscheinungsformen umschwirrten; eine besonders amüsante Variante war die literarische.

Zu unserem großen Vergnügen fanden in unserem Hotel *Oceano* wieder Autorenlesungen statt. So lernten wir *Thomas Vogel* kennen, der unter anderem aus seinem köstlichen Buch *Rom, Sixtina* vorlas.

Es geht darin um die Begegnung zweier europäischer Kulturen und Lebensstile, nämlich in Gestalt des deutschen Geo- und Astrophysikers Markus mit dem italienischen Philosophen und Lebenskünstler Giovanni; es geht um Glaube und Religion, um aufschlussreiche nächtliche Gespräche zwischen den Gestalten von Michelangelo (was für ein Name in unserem Zusammenhang!), den Propheten und Sybillen in der sixtinischen Kapelle, und es geht auch um eine zauberhafte Liebesgeschichte zwischen Markus, dem Deutschen, und Lina, einem Engel aus Fleisch und Blut.

Eine besonders hübsche Szene spielt auf dem Land bei einem Dorffest, wo auf die Gäste, unter ihnen eben auch Markus, Orakelsprüche in Form von kleinen beschriebenen Zetteln herunterregnen. Markus erhält so die Weisung:

Cerca il tuo angelo, piccolo que sia.

Suche Deinen Engel, so klein er auch sein mag.

Für Markus lüftet sich der Sinn dieses Orakels, als er erfährt, dass Lina in Wirklichkeit *Angelina/kleiner Engel* heißt.

Dieser Geschichte ist die wichtige Erkenntnis zu entnehmen, dass Orakel wie alle himmlischen Botschaften erst entschlüsselt werden müssen, um wirken zu können.

Noch ein anderes Buch wurde mir von meinem Bibliotheksengel im *Oceano* zugespielt: *Dein Ziel wird Dich finden* von Veronica Carstens. Sie schildert darin in sehr schlichter, aber eindringlicher Weise ihr Leben mit ihrem Mann, dem damaligen Bundespräsidenten, und ihre eigenen Bemühungen als Ärztin um die Anerkennung alternativer Behandlungsmethoden.
„Bibliotheksengel" ist übrigens meine Bezeichnung für ein Phänomen, das ich sehr oft beobachten konnte: dass mir immer wieder zur rechten Zeit das richtige Buch in die Hand geriet, das ich für meine eigene geistige Entwicklung gerade dringend brauchte.

Und noch einmal eine kleine Engelsgeschichte aus Punta del Hidalgo: Marianne und ich waren einer Einladung Garas zu einer abendlichen Meditation in ihr Haus gefolgt, ich, zugegeben, mehr aus Neugier als aus Überzeugung. Dabei ging es, für mich nicht ganz unerwartet, wieder um Engel. Jeder der Anwesenden musste aus einem Set Engelskarten eine verdeckte Karte ziehen und ihre Botschaft der Gruppe zum Geschenk machen. Ich zog eine Karte mit der Botschaft „Frieden". Das ließ sich nun kaum noch als Zufall erklären. Schließlich habe ja auch ich eine Namensänderung an mir erfahren, vom ungeliebten *Hermann – Friedrich,* auf den ich getauft bin zum Kürzel *Manfried*, und ich verstehe diesen Namen *Mann des Friedens* als eine große Verpflichtung, ja als Lebensziel – *„Dein Ziel wird dich finden"*.
Keine andere in dem Kartenset enthaltene Botschaft hätte also auch nur annähernd so gut zu mir gepasst.

Bevor wir Teneriffa verlassen ist noch von *Garagael* zu berichten, denn er flog uns dort zu. Und wieder hatte Gara ihre Hand dabei im Spiel.
Sie hatte zu einer Vernissage geladen, bei der es um die Produkte einer gewissen Heidi aus Österreich ging, die in Garas Garage eine Woche lang getöpfert hatte. Darunter war auch ein Engel, und Marianne war sofort in ihn verliebt. So flog er einige Tage später mit uns nach München. Seinen Namen bekam er allerdings erst später; und sicher ahnte er auch noch nichts von seiner künftigen Rolle als Umzugsengel oder doch als dessen irdisches Abbild, wussten wir ja selbst noch nicht, dass wir einen solchen Helfer gebrauchen könnten.

Inzwischen ist noch etwas nachzutragen.
Kaum hatte ich gestern den Namen *Rupert Sheldrake* und seine Seelentheorie erwähnt, führte mich mein Bibliotheksengel sofort und natürlich rein zufällig in den Klosterladen des Klosters Schlehdorf, in das wir beim Vorbeifahren eben mal hineingeschaut haben. Und was stellt sich mir da sozusagen in den Weg? Ein Buch von eben diesem Herrn *Sheldrake* mit dem Titel *Engel. Die kosmische Intelligenz.* Mit einer Widmung:
Den Engeln, in der Hoffnung, dass sie wiederkehren, um uns im neuen Jahrtausend zu geleiten.
Alles purer Zufall?

3. Himmel über Bernried

Da habe ich also 52 Jahre im selben Haus gewohnt, das meine Eltern 1952 in Großhesselohe gebaut hatten; ich hatte als damals 18jähriger mit einigen Vorschlägen dazu beigetragen. Die volle Zeit unserer Ehe

war die Pullacher Straße 17 unser Zuhause, die Kinder waren darin aufgewachsen und wir hatten es immer wieder den wechselnden Umständen angepasst und verschönert.
Es gab aus meiner Sicht eigentlich keinen Anlass, an einen Wohnungswechsel zu denken. Dass dies bei Marianne etwas anders aussah, hat sie mir erst hinterher gestanden; sie hatte sich von Anfang an in Großhesselohe nicht so richtig wohl gefühlt, was vor allem an der sterilen Atmosphäre dieses von dicken Thujenhecken dominierten Villenvororts gelegen haben mag, abgesehen davon, dass unsere Wohnung im Obergeschoß meines Elternhauses lag.

Allerdings hatte es dann 2004 eine einschneidende Veränderung gegeben: auf dem die ganzen Jahre unbebaut gebliebenen Nachbargrundstück wurde plötzlich ein großes Doppelhaus gebaut, das nicht nur unser Haus um ein Stück überragt, sondern nach allgemeiner Meinung alles andere als schön genannt werden kann. Lebten wir vorher im Grünen und in einer weitgehend intakten Natur, so raubte uns der scheußliche grauweiße Kasten jetzt in erheblichem Umfang Sonne und Himmel. Dieser herbe Schlag wirkte sich umso empfindlicher für uns aus, als wir gerade eben auch unser zeitweiliges Leben am und auf dem Meer mit dem Verkauf unserer Segelyacht *Balimena* aufgegeben hatten.
Trotzdem: an eine Ortsveränderung hatten wir zu diesem Zeitpunkt nicht gedacht.

Mitte März kam unsere Freundin Hildegard Meumann für ein paar Tage zu Besuch zu uns. Da sie die Patentante von unserem Sohn Stephan ist, war es nahe liegend, zum Spazierengehen nach Bernried zu fahren, wo Stephan Anfang des Jahres die Leitung der Marina-Werft übernommen hatte; zusammen wollten wir alle drei begutachten, was er seither dort schon auf die Beine gestellt hatte. Für den Spaziergang bot sich die kleine Forststraße oberhalb des Hapbergs an, da sie in ihrem ersten Teil voll in der Sonne liegt, die dort auch schon den Schnee, der sonst noch überall auf den Wiesen und Wäldern lag, vom Asphalt weggeleckt hatte. Dass diese Gegend Hapberg heißt, wussten wir damals noch nicht. Immerhin drängte sich uns durch unseren Spaziergang die neuerliche Feststellung auf, wie wunderschön die Landschaft ist, in der unsere Kinder schon seit einer Reihe von Jahren lebten. Der tiefe Eindruck dieser herrlichen Natur hat dann offenbar weiter in meinem Unterbewusstsein gearbeitet. Dort traf er mit der Erinnerung an ein Gespräch zusammen, das schon etwa zwei Jahre zurücklag. Im Anschluss an eine flüchtig hingeworfene Bemerkung, dass wir uns wohl bald einmal mit dem Thema Altersheim befassen wollten, äußerte Stephan die Idee, dass wir doch lieber etwas Gemeinsames in Bernried bauen könnten, da er sich sowieso mit Gedanken an ein eigenes Heim beschäftige. Ich hatte die Idee aber gleich verworfen und ihm gesagt, dass ich mich für ein derartiges Unternehmen nicht mehr jung genug fühlte; falls er jedoch einmal ein Objekt fände, das für uns gemeinsam geeignet sein könnte, ließe sich darüber natürlich reden.

Zwei Wochen später schaute ich bei der morgendlichen Zeitungslektüre so nebenbei in den Immobilienteil der SZ, was ich seit vielen Jahren nicht mehr getan hatte. Und da fand ich diese Anzeige, die mich elektrisierte.

Schmuckstück am STA-SEE, Landhaus m.ELW In Bernried
Ca. 218 m² Wfl.+ Nutzfl., 5 Zi., gr. ELW, 965 m² unverb. Garten, freier Blick, hochw. Küche, Kachelofen. D-Gge. Bj 87, abs. ruhig.

Ich las sie ein zweites Mal und dann auch noch mehrmals Marianne vor. Über 200 m² Wohnfläche und zwei Einliegerwohnungen, das könnte vielleicht ein Objekt in der richtigen Größenordnung sein.

Das Telefon des Maklers in Penzberg war nicht besetzt, es war ja schon Karsamstag und die Osterfeiertage angebrochen. Also erst einmal Geduld üben!
Am Oster-Dienstag erfuhren wir vom Makler die Adresse: Hapberger Weg 3. Ein Besichtigungstermin ließ sich aber erst für den Mittwoch arrangieren.
Trotzdem setzten wir uns sofort ins Auto, um das Haus wenigstens von außen in Augenschein zu nehmen.
Als wir dann vor dem mit Efeu bewachsenen Torbogen standen und durch die offene Gartentür gingen, begann unsere große Liebe.
Und bis heute hat es noch keinen Moment der Unsicherheit und des Zweifels gegeben: das Haus am Hapberg war für uns bestimmt, war uns vom Himmel zugedacht. Der Engel, den wir aus Teneriffa mitgebracht hatten, bekam nun seinen Sinn und seine Aufgabe; er bezog noch vor uns im neuen Haus auf dem großen Kaminsims seinen Posten und ebnete im Hintergrund die Wege.

Ich weiß, die Sache mit dem Engel steht im wahrsten Sinn des Wortes auf tönernen Füßen. Man kann die ganze Geschichte mit *Garagael* als schmückendes Beiwerk betrachten, denn auch ohne den „englischen“ Bezug ließe sich die Geschichte unseres ungeplanten Umzugs gut „verkaufen“.
Worauf es mir aber ankommt, ist die Frage: gibt es in unserem Leben jemand, der uns die Wege bereitet – ich sage nicht: der uns führt, - der uns also vor die Möglichkeit stellt, so oder anders zu entscheiden. Die Frage also: ist alles Zufall oder gibt es einen Sinn in allem? Ich

glaube, kein Mensch kommt um diese Frage herum, und ich denke, dass es eine der Aufgaben im Leben jedes Einzelnen ist, eine Antwort darauf zu finden.

Meine Geschichte ist schnell zu Ende erzählt, denn dank *Garagaels* Wirken ging es jetzt wirklich Schlag auf Schlag.
Zwar war bei der Außenbesichtigung klar geworden, dass sich das Haus keinesfalls für Stephans vierköpfige Familie und uns gemeinsam eignen würde, denn die in der Annonce genannten Einliegerwohnungen waren in der Gesamt-Quadratmeterzahl schon enthalten, und noch dazu handelte es sich bei diesen nur um je ein großes Zimmer mit Bad. Doch für uns allein passte einfach alles.
Und es gefiel uns über die Maßen, wie es in der Sprache der Märchen wohl heißen würde.

Schon am Tag nach der Besichtigung mit dem Makler ließen wir das Haus vertraglich für uns reservieren. Drei Wochen später wurde der Kaufvertrag beim Notar unterschrieben, gut zwei Monate später zogen wir um.
Der Verkauf des alten Hauses ging ebenso rasch über die Bühne. Obwohl wir von vielen Seiten gewarnt worden waren, dass ein Haus derzeit schwer zu verkaufen sei und eventuell auch ein oder zwei Jahre leer stehen könne, griff schon der dritte Kaufinteressent zu, der Verkauf war bereits Ende August notariell beurkundet und der Kaufpreis bezahlt.
Und alles, einschließlich Umzug, ging ohne Panne, Ärger oder Misshelligkeiten vor sich, selbst das Wetter spielte mit; es gab erstaunlich viel Erfreuliches am Rande, vor allem mit den Menschen, mit denen wir es zu tun bekamen. Es war, als eiferten sie alle um die Wette, uns die riesige Last der juristischen und finanziellen Probleme so wie des

gewaltigen Umzugs einschließlich der ebenso gewaltigen Entrümpelung so leicht zu machen wie möglich. Und das alles in einer Zeit, in der scheinbar nur Neid, Geiz und Egoismus herrschen.
Kann das alles eine rein zufällige Anhäufung glücklicher Zufälle sein? Meine bisher gesammelte Lebenserfahrung spricht eigentlich dagegen.

Doch es gibt noch ein paar zusätzliche Merkwürdigkeiten, bei denen die Mathematik und speziell die Wahrscheinlichkeitsrechnung auf besonders eklatante Weise außer Kraft gesetzt schien.

Vor einigen Jahren habe ich mich einmal für einige Zeit mit *Tarot* befasst; ich war einfach neugierig, was Karten über menschliches Schicksal aus- oder sogar vorhersagen können. Aber wie es wohl mit allen Orakeln so ist: man findet zwar manchmal verblüffende Treffer oder zumindest Deutbares, aber oft bleibt auch alles verschwommen und nichts sagend. Jedenfalls habe ich mich nicht weiter damit beschäftigt.
Erst Marianne hatte bei einer Einladung wieder Kontakt mit einer aus dem indianischen Mythenschatz stammenden Tarot-Form bekommen. Und sie zog kurz vor dem bevorstehenden Umzug die Karte *Kleines Medizinrad*, deren Bedeutung gemäß der indianischen Überlieferung ich hier kommentarlos wiedergebe.
Mit der Kraft des kleinen Medizinrads kannst du dich getrost und voller Freude in die neue Phase deines Lebens tragen lassen. Es ist ein Glück und Zufriedenheit versprechendes Omen! Es ist auch das Zeichen einer wichtigen Vollendung. Etwas Altes fällt ohne Schmerz ab. Wenn du auf deine innere Stimme hörst und deiner Intuition vertraust, wird der Neubeginn wie eine geistige Wiedergeburt für dich sein. (Auszug)

Etwa zwei Monate später, der Umzug lag schon hinter uns, fiel mir beim Einräumen mein Rider-Waite-Deck in die Hand, ich wurde neugierig und zog für mich die Karte *Die Welt*. Ihre Bedeutung ist so beschrieben:
Die Karte „Die Welt“ zeigt das Ziel und bedeutet, dass wir angekommen sind. Auf der geistigen Ebene steht sie damit für einen hohen Reifegrad; in anderen Bereichen besagt sie, dass wir den Platz gefunden haben, an den wir gehören, an dem wir zuhause sind. In allen Fällen bedeutet sie Freude, Glück, Zufriedenheit und Dankbarkeit für das Erreichte.

Nach sportlichen Gesichtspunkten könnte man sagen: klarer Punktsieg für das Übersinnliche.
Wir jedenfalls sind davon überzeugt, dass himmlische Mächte in irgendeiner Weise an dem für uns so wunderbaren Geschehen beteiligt waren. Wir haben nun wieder wie früher in unserem Wochenendhaus in Steinebach am Wörthsee die Natur in schönster Form um uns und den Himmel über uns; wir leben plötzlich im Pfaffenwinkel, der nicht umsonst als eine der schönsten und kulturell reichsten Gegenden Deutschlands gilt – und das alles ist uns schlicht in den Schoß gefallen.
Es fällt mir dazu ein Spruch ein, den mein Vater oft bei Gelegenheiten zitierte wenn jemand unverschämtes Glück hatte: „der Herr gibt's den Seinen im Schlaf“.

Meine Bemühungen, etwas über die Bedeutung des Wortes „Hap“ in Erfahrung zu bringen, waren bisher leider erfolglos. Bis auf weiteres interpretiere ich es als eine Verstümmelung des englischen *happy*, denn so fühlen wir uns: wir haben unseren Wohnungswechsel noch keine Minute lang bereut und sind jeden Tag aufs Neue dankbar für dieses Geschenk des Himmels.

4. Chartres

Nachzutragen ist, dass Marianne und ich Anfang Mai, also zwei Monate vor dem Umzug, eine Pilgerreise zur Kathedrale von Chartres unternommen haben. Wir sind zwar nicht wirklich gepilgert, aber die Reise wurde durch die unerhört intensive und lebendige, im wahrsten Sinn des Wortes Geist-reiche Interpretation von Herrn Dr. Wolfgang Larcher zu einem so starken Erlebnis, das ich sie als eine Einweihungserfahrung bezeichnen möchte.
Diese Reise hatten wir schon zu einem Zeitpunkt gebucht, als wir noch gar nicht ahnten, auf welchen Wegen wir wenig später zu einem neuen Haus geführt werden würden; als dann der Umzug so unerwartet auf uns zukam, wollte ich sie sogar absagen, aber etwas – oder jemand? - überzeugte mich, dass diese Erfahrung für uns wichtig sei.
Aus dem dichten Erleben dort, das zu schildern den hier gegebenen Rahmen sprengen würde, ist aber das, was Dr. Larcher über das Thema Engel sagte, ganz eindeutig eine wesentliche Ergänzung zu meinen Gedanken.

Von den vielen Engeln, denen man an der Kathedrale innen und außen begegnet, ist neben der schönen Schutzengelfigur auf einem der Türme in Form einer Windfahne der „Engel mit der Sonnenuhr“ an einem der Eckpfeiler an der Ostfassade der wohl bekannteste. Da ich Teile der Einführung von Dr. Larcher gefilmt habe, kann ich nun wörtlich zitieren, was er im Zusammenhang mit diesem Engel sagte.

Sein gedanklicher Ausgangspunkt war die Gegenüberstellung des Esels mit dem Engel, die sich dort unmittelbar gegenüberstehen, und die Stellung des Menschen zwischen Tier und Engel.

Der Mensch ist das vermittelnde Wesen, denn wir sind beides: Esel in unserem Leib und Engel in unserer Bestimmung. Da ist eben jetzt der springende Punkt gegeben: sind wir Engel nur in unserer künftigen Bestimmung oder sind wir es schon heute, aber nur manchmal in bestimmten Augenblicken des reinen Empfindens, des reinen Denkens, reiner lichthafter Einfälle....Der Mensch ist die Mitte; er ist das einzige Wesen, das es vermag, Geistwelt und Kreatur zu verbinden und zu versöhnen. Die Engel selber können von der anderen Seite nicht mehr so absteigen, dass sie als Gesamtwesen Mensch werden, im Augenblick jedenfalls nicht. Und das Tier kann durch sich selber auch nicht aufsteigen. Aber wir sind beides, und durch unsere Begabung, diese Polarität zu versöhnen, werden wir gewürdigt...

Unsere Reise zur Kathedrale von Chartres führte uns zu einem zwar nicht ganz neuen, aber wesentlich tieferen Begreifen unseres Menschseins, zu einem Erahnen vieler Zusammenhänge und Verstehen mancher Geheimnisse. Zur Pilgerreise auch im realen Vollziehen wurde sie in dem morgendlichen Prozessionszug durch die dunkle Krypta auf dem seit Jahrhunderten beschrittenen Weg der Pilger hinauf zum Labyrinth, das jeder für sich in seinem eigenen Rhythmus durchwanderte auf dem Weg in die Mitte, zusammengefasst in dichtester Form in dem Kanon:

Wechselnde Pfade, Schatten und Licht,
alles ist Gnade, fürchte dich nicht.

Dieses *fürchte dich nicht* ist ja die alte Botschaft, die das Auftreten der Engel notwendigerweise immer begleitet, damit wir den Glanz ihrer Erscheinung überhaupt ertragen können.

Im Kalenderblatt zuhause fand ich dazu die passenden Zeilen:

Das Glück liegt in der Art unseres Sehens.
Und das wiederum ist eine Entscheidung.
Niemand zwingt uns, die Welt auf eine gewisse Weise zu betrachten.

Hat man sich für eine Weltsicht entschieden, in der Engel uns auf unserem ganzen Lebensweg begleiten, so lässt sich leicht in das Gebet einstimmen, das uns im Nachklang zu Chartres ins Haus flatterte:

Du mein himmlischer Freund, mein Engel,
der du mich zur Erde geleitet hast,
und geleiten wirst durch die Todespforte
in die Geistesheimat der Menschenseele,
der du die Wege kennst seit Jahrtausenden,
lass nicht ab, mich zu erhellen,
dass ich aus dem webenden Schicksalsgefäß hervorgehe
und mich immer mehr erfüllen lerne
mit dem Sinn der göttlichen Weltenziele.

5. Schwingung

Im letzten Kapitel meines „Versuchs" möchte ich nun das Ergebnis meiner Gedanken über Engel darlegen. Da ich davon überzeugt bin, dass die Sprache eine der größten Leistungen des menschlichen Geistes darstellt, will ich mich von ihrer in dem Wort „Schwinge" ste-

ckenden Weisheit leiten lassen, das bekanntlich ein Synonym für „Flügel“ ist. Das Wort „schwingen“ wird vor allem in der Bedeutung „sich aufschwingen“ gebraucht. Gemeint ist damit: von dem gegenwärtigen Standpunkt aus eine höhere Ebene, im geistigen Bereich eine höhere Bewusstseinsebene, zu erreichen versuchen.
Das ist mit einer Entscheidung verbunden und erfordert in der Regel auch eine Kraft- oder Willensanstrengung.

Von Schwinge abgeleitet ist das Wort „Schwingung“. Und das ist für mich eines der Schlüsselwörter meines gegenwärtigen Weltverständnisses: alles ist Schwingung, alles schwingt. Das Atom schwingt, also schwingt auch alle Materie, da sie sich aus Atomen aufbaut. Töne sind Schwingung, Farben, Licht, der ganze Kosmos ist Schwingung – Tanz könnte man es auch nennen.

Und da ich überzeugt bin, dass Schwingung eine Eigenschaft oder Ausdrucksform des Geistes ist, ergibt sich zwingend, dass der Geist als der Baustoff des Universums in allem ist. Und da Gott die höchste Form des Geistes ist, also Geist in höchster Potenz, folgt daraus, dass Gott auch in allem ist, also auch den niederen Materialisierungsstufen des Geistes.
Die einzige Grenze für das „Weben“ des Geistes, die ich sehen kann, ist der Tod der Materie, bei der sich der Geist aus seiner vorübergehend gewählten Manifestation wieder zurück zieht, um sich später und in anderer Form wieder zu inkarnieren.
In mein Weltverständnis passen Engel als Überbringer geistiger Botschaften ohne Schwierigkeiten hinein. Andererseits bin ich aber nicht darauf festgelegt, dass die Kategorie Engel tatsächlich existiert; mir reicht die Vorstellung völlig, dass sich über unsere sinnliche Wahrnehmungsfähigkeit hinaus das Geistige in weiteren Schwingungsebe-

nen fortsetzt und uns daran bleibender Anteil gewährt ist; welche Namen dafür im einzelnen benutzt werden, ist mir letztlich unwichtig.

6. Das Schlussbild

Aus den verschiedenen Puzzleteilen ist nun, auch für mich eher unerwartet, eine Art holografisches Bild geworden. Unter einer Holografie verstehe ich ein Bild, das trotz seiner Beschränkung auf ein kleines Teilchen doch das Ganze erkennen lässt. So fügen sich die Gedanken, die mir in der letzten Nacht zugefallen sind, nun fast wie zu einer Schlussapotheose zusammen.

Also: die Frage „Sinn oder Zufall" ist, wie ich meine, falsch gestellt.
Ich denke, dass für die höheren geistigen Ebenen die für uns übliche duale Betrachtungsweise keine Gültigkeit hat; in ihnen herrscht vielmehr das Ganzheitsprinzip. Also nicht: entweder – oder, sondern: beides, richtiger: alles.
So wie es schon nach der Quantenphysik nicht möglich ist, die Materie eindeutig als Teilchen (Korpuskel) oder Welle (Schwingung) zu definieren, weil sie eben je nach Betrachtungsweise beides sein kann, so gilt erstrecht für die geistige Welt, dass alles von unserer Betrachtungsweise abhängt. Damit wird zum Sinn, was wir als Sinn empfinden oder erklären. Sinn muss also von uns nicht nur gesucht sondern auch gesetzt werden

Wichtig ist, dass diese unsere persönliche Sinngebung nur sehr beschränkte Gültigkeit besitzt, nämlich nur für jedes einzelne Individuum. Der persönlich gefundene Sinn ist nicht übertragbar, ist also nicht der „Stein des Weisen" für alle! Wenn ich sagte: Engel sind Wesen

einer höheren Geist-Ordnung, oder anders ausgedrückt, einer uns in der Regel nicht zugänglichen Schwingungsebene, so ist das meine Sicht, meine Wahrheit.
Ich hoffe, nein, ich bin überzeugt, dass in meiner Wahrheit auch, wie in dem holografischen Bild, die Gesamt-Wahrheit aufscheint, aber ich bin mir bewusst, dass es über meine Wahrheit hinaus noch eine Vielzahl anderer Teil-Wahrheiten gibt.

Epilog

Ein Puzzleteil habe ich mir noch aufgehoben und ich möchte es nun als letztes in mein Bild einfügen.

Aus meiner Definition der Engel als reine Geistwesen ergibt sich, dass sie körperlos sind, dass sie also keine Hände haben – was natürlich erstrecht für das höchste Geistwesen, Gott, gilt. Um in der materiellen Welt „handeln" zu können, brauchen sie „Handlanger", brauchen sie uns als Erfüllungsgehilfen.
Wenn wir uns schon nicht zu den Engeln aufschwingen können, so können wir ihnen doch entgegenkommen, in dem wir offen sind und Eingebungen von oben zu erkennen versuchen und uns den Engeln so als ihr Vollzugsorgan für den materiellen Bereich anbieten. Wir sind dann zwar immer noch keine Engel, aber wir können in gewisser Weise Engel spielen und auf diese Weise mithelfen, dass die Menschheit weiter besteht, dass ihr weiter Schönes und Neues geschenkt wird.

Wolfgang Larcher drückte es so aus: dass wir ein Gefäß sind, oben offen, und das, was uns von oben geschenkt wird, annehmen und ihm Gestalt verleihen.

Wir haben allerdings auch die Möglichkeit, uns dem auf verschiedenste Art zu verweigern.
Aber wir können uns auch – wie Maria – dafür entscheiden, den Zeugungsakt der Schöpfung mit zu vollziehen, zu dem wir berufen sind, und so die uns eingepflanzten Gottesgedanken des Schönen und Guten zur Verwirklichung zu verhelfen.

Hutologie

oder

Fischer über Fischer

(zu meinem 70sten Geburtstag)

Sie sind ja langsam schon eine Landplage, die vielen Fischer, die sich wie die Heuschrecken zu vermehren scheinen, sich überall breit machen und ihr Unwesen treiben:
Bundeskanzler, Außenminister, UNO-Kommissar, Dirigenten, Schauspieler und Kabarettisten, Spitzensportler und so weiter....
Vor Zeiten waren es doch noch einfache Leute mit einem ehrbaren Handwerk! Aber jetzt, wo sich der Fischfang praktisch nicht mehr lohnt, meinen sie plötzlich, überall die erste Geige spielen zu müssen, nur weil sie irgendwann einmal den Umgang mit Darmseiten gelernt haben.

War es etwa gar der messianische Anruf vor 2000 Jahren, ab jetzt Menschenfischer sein zu sollen, der den großen Umschwung in ihrem Berufsbild mit sich brachte?

Nun, der Fischer, von dem hier die Rede ist, hat seine Wurzeln nachweislich noch in einem richtigen seit vielen Generationen betriebenen Fischereibetrieb, einer kleinen Fluss-Fischerei an der Enz, einem kleinen Flüsschen im alemannischen Schwaben. Mein Vater schildert in seinen Lebenserinnerungen sehr einfühlsam das ehemals langsam wie der kleine Fluss dahin ziehende Leben der Vorfahren. Karg war es und weitgehend ereignislos, wenn es nicht dann und wann einen Krieg gegeben hätte, und ohne den bäuerlichen Nebenerwerbsbetrieb war es nicht überlebensfähig. Viele Kinder waren zu ernähren, die immer mehr ihr Glück in der wachsenden Großstadt suchten; so auch mein Großvater.

Viele von Euch wissen, dass diese Wurzeln auch bei mir mindestens zeitweise wieder durchbrachen, vornehmlich in Steinebach am Wörthsee, wo ich schon als kleiner Junge während des Krieges mit meiner kleinen Beute einen sehr willkommenen Beitrag zum Lebensunterhalt beisteuern konnte. Dass mir später auf hoher See kein wirklich spektakulärer Fang mehr geglückt ist, liegt - neben der beklagenswerten Überfischung unseres bevorzugten Segelreviers - an der Sache mit den Hüten.

Bevor ich auf die Hüte zu sprechen komme, sollte ich aber noch das Geständnis ablegen, dass mein Verhältnis zum Fischen recht zwiespältig ist. Während nämlich das Fangen und Anlanden vor allem eines etwas größeren Fisches und erstrecht das Nachhausebringen durchaus sehr freudvolle Momente mit sich brachte, gehörte das Totschlagen, Schuppen und Ausnehmen, ja oft auch das Essen des grätenreichen Kleinzeugs, das überwiegend meine Beute darstellte, schon immer zur ungeliebten Dreingabe. So ist es wohl nicht verwunderlich, dass ich den **Fischer-Hut** leichten Herzens gegen die Seglermütze vertauschte, um so mehr, als mir die Fischerei zunehmend als dreckiges Handwerk erschien, das auf einem schmucken Segelschiff schon aus hygienischen Gründen zu verbannen war. Wer weiß, vielleicht war meine innere Einstellung sogar schuld daran, dass auch meine fischenden Mitsegler ihre Angel meist ohne Fisch einholten.

Doch kommen wir nun zur *Hutologie*. Die Hutologie ist eine junge, noch weithin unbekannte Wissenschaft, die Hüte und andere Kopfbedeckungen unter kulturgeschichtlichen, soziologischen und psychologischen Gesichtspunkten untersucht. Ohne hier zu sehr ins fachwissenschaftliche Detail gehen zu wollen, sei als Beleg für meine Behauptung nur an das bekannte Phänomen des Verkleidens erinnert, bei dem ja seit jeher Hüte eine ganz große Rolle spielen und dem eine tiefgehende psychologische Dimension sicher nicht abgesprochen werden kann. In unserem heutigen Exkurs geht es ganz speziell um den Versuch, ein siebzigjähriges Leben einmal aus dem Blickwinkel der Hutologie zu betrachten.

Zugegeben, die Sache mit den Hüten ist natürlich, um im Bilde zu bleiben, ein alter Hut. Heute trägt man einfach keinen Hut mehr. Selbst wenn es regnet oder schneit, gilt bei der Jugend von heute: nur ja kein Eingeständnis von persönlicher Betroffenheit zeigen! Man tut so, als wäre nichts, und signalisiert damit: *ich bin cool, Wetter, Politik und all so`n Scheiß geht mich nichts an.*
Wenn schon eine Kopfbedeckung, dann allenfalls als Teil des jeweiligen sportlichen Outfits - das und nur das ist erlaubt.
Dagegen ließe sich einwenden, dass ja doch noch eine Kopfbedeckung mit Hut-Charakter getragen wird, die *Baseball-Mütze*. Richtig. Aber wie der Name schon sagt, handelt es sich um ein sportliches Accessoire, und auch diese trägt man mit Vorliebe verkehrt herum; offenbar ist es heute wichtiger, den Nacken zu schützen als das Hirn.

In dieser zu beobachtenden Ächtung des Huts wird eindeutig der Beginn des Trends zur vollständigen Beseitigung jeder textilen Verhüllung evident. Dieser Trend setzt sich ja immer noch ungebrochen weiter fort und feiert inzwischen gerade in der gegenwärtigen *Nabelschau,* eine schon bei den Römern bekannte Kunst, wenn auch in einer etwas anderen Form, wahre Triumphe. Man darf gespannt sein, wie und bis wohin das so weitergeht.

Doch will ich die Körperzone unterhalb der Gürtellinie gerne den dafür zuständigen Fachkollegen überlassen und bei den vornehmeren Bereichen meiner Disziplin bleiben.
Zunächst ist freilich ein kurzer geschichtlicher Überblick über die Entwicklung des zu untersuchenden Gegenstandes unumgänglich, umso mehr, als diese Entwicklung von einer Hochblüte des Hutwesens inzwischen fast bis zu ihrer totalen Bedeutungslosigkeit geführt hat. Noch vor knapp hundert Jahren war der Hut sozusagen Pflicht, gehörte jedenfalls unbedingt zum Korrekt-Angezogensein, ebenso wie Lederhandschuhe und Staubmantel. Ich selbst habe da eine sehr eindrucksvolle eigene Erfahrung, mir deren Erzählung ich nun den allgemeinen Teil abschließen und zum fischerschen Teil übergehen möchte.

Ich erzähle die folgende kleine Anekdote um so lieber, als mir das die Gelegenheit gibt zu erwähnen, dass ich meine spätere Frau schon sehr früh kennen lernte, nämlich in Rothenfels am Main, damals eine Hochburg der katholischen Liturgiereform. Sie kam aus Düsseldorf, ich aus München. Ich war gerade siebzehneinhalb Jahre alt. Und da sie meine erste und bisher auch einzige Geliebte war, wuchs meine Sehnsucht in den sieben Jahren bis zur Hochzeit gelegentlich ins Unerträgliche. Und das ist durchaus wörtlich gemeint: Ich konnte sie eines schönen Tages bzw. Abends nicht mehr ertragen, setzte mich ins Auto meines Vaters und brauste durch die Nacht gen Düsseldorf, wo ich dann am frühen Morgen so kurz vor acht vor der Wohnungstür mit

dem Schildchen *Goertz* stand. Es muss noch erwähnt werden, dass mein Auftauchen dort nicht nur völlig unerwartet war, sondern mein erstes überhaupt; mit Ausnahme von Nanne kannte man mich allenfalls von ein paar Fotos, auf denen ich aber immer nur mit der damals unverzichtbaren dunklen Sonnenbrille zu sehen war.
Auch noch viele Jahre später war dieser Blitzbesuch aus München ein beliebtes Gesprächsthema mit meinen Schwiegereltern, und dabei spielte auch immer ein Hut eine wichtige Rolle: ein Hut, den es nicht gab. Die Pointe der Geschichte kommt freilich jetzt erst:
Ein oder zwei Tage später - inzwischen war mein anfänglich so heldenhaftes Gefühl weitgehend in sich zusammengefallen - meldete ich mich telefonisch bei meinen Eltern und versuchte mein Verschwinden sowie das des Autos irgendwie zu erklären. Statt der erwarteten massiven Vorwürfe kam als Echo aus München aber nur der eine Satz: *aber Kind, wie konntest du nur ohne Hut fahren?!*

Halten wir also in unserer hutologischen Kulturgeschichte fest: *die erste Vorstellung bei den Eltern der Angebeteten ohne Hut war ein gesellschaftlicher Fauxpas von allergrößtem Kaliber.*

Den Hut, um den es damals ging, gibt es heute leider nicht mehr; ich weiß aber noch so ungefähr, wie er ausgesehen hat, es war so ein Mitteldinq zwischen gewöhnlichem **Straßen-Hut und Sombrero**, ich meinte, er würde mir ein leicht künstlerisches Aussehen verleihen, doch bei meiner sehnsuchtgesteuerten Abreise Hals über Kopf hatte ich nicht mehr an die zu letzterem gehörende Bedeckung gedacht.

Zu fragen ist nun aus wissenschaftlicher Sicht, wie es zu diesem dramatischen Verfall der Sitten im allgemeinen und des Huts im besonderen gekommen ist. In der Hutologie wird zur Begründung auf ein herausragendes Ereignis verwiesen, das sich vor langer Zeit in der Schweiz abgespielt hat und auch heute noch da und dort auf der Bühne zu sehen ist. Es ging dabei natürlich um einen **Hut**, und zwar eines gewissen Herrn **Gessler,** seines Zeichens Reichsvogt von Uri. Dieser, also der Hut, war am Ende einer Stange befestigt und sollte vom Volk beim Vorbeigehen gegrüßt werden - vermutlich dadurch, dass man den seinigen zog. Wer dies nicht tun wollte, musste schon ein ausgezeichneter Bogenschütze sein. Wilhelm Tell, der den Hut-Gruß verweigerte, war ein solcher, zum Glück für ihn und für seinen Sohn, allerdings weniger für den Reichsvogt. Der erste Pfeil Tells durchbohrte den Apfel, der zweite wenig später in der *hohlen Gasse von Küssnacht* den Hut-Besitzer Gessler, der den Hut daraufhin auch nicht mehr brauchte. Die heroische Tat des widerspenstigen Bogenschützen hat, wie wir wissen, zur Gründung der Eidgenossenschaft geführt, die überraschenderweise aber nicht unter dem Stichwort Hütli-Schwur, sondern unter Rütli-Schwur in die Geschichte einging.

Hier ist noch eine Fußnote aus dem einschlägigen Lehrbuch der Hutologie erwähnenswert. Dort wird nämlich auf das aus dem gleichen Wortstamm abgeleitete Wort *Verhüterli* verwiesen, das sich in der Schweiz und inzwischen auch im ganzen deutschsprachigen Raum einer gewissen Beliebtheit erfreut, die wohl nur mit der besonderen Delikatesse dieser Sache verständlich wird. Es muss allerdings darauf hingewiesen werden, dass es sich dabei nicht um eine Kopfbedeckung im engeren Sinne handelt.

Die erste Kopfbedeckung in meinem Leben wird wohl eine **Babymütze** gewesen sein, und von ihr gibt es nichts Nennenswertes zu berichten.

Dafür ist mir aus früher Kindheit eine andere Kopfbedeckung in bester Erinnerung, die nun freilich gar nichts mit der soeben erarbeiteten Bedeutung des Huts als Symbol der Unterdrückung zu tun hat, sondern sogar den äußersten Gegenpol dazu darstellt: der Hut als Zeichen absoluter Freiheit.

Nach dem Foto, das noch als Dokument existiert - der Hut selbst ist im Trubel des Faschings viele Jahre später zerschlissen – muss ich so etwa zwei Jahre alt gewesen sein. Mein Vater hatte auf Drängen seiner Frau soeben ein Grundstück an dem schon erwähnten Wörthsee gekauft. Das war nach heutiger Vorstellung zwar spottbillig, bedeutete für meine Eltern aber einen ungeheuer riskanten Vorgang, der dem Griff nach den Sternen gleichkam. Für mich wurde daraus für die ersten Lebensjahre mein Paradies. Und das u.a. auch deshalb, weil der Hut meist mein einziges Bekleidungsstück war, aber es war weit mehr, als nur textile Freiheit. Auf dem besagten Foto sieht man mich am Ufer des Sees vor unserem Bootshaus herum plantschen, sozusagen am Anfang der großen Freiheit stehend, die mich dann ein Leben lang begleitete: die Freiheit der Meere.

Ach ja, wie der Hut aussah, wollt ihr wissen. Es war eine **spitze Strohtüte**, zusammenrollbar wie eine Serviette, auf den Kopf gestülpt aber ein perfekter Sonnenschutz, durch Aufkrempeln der sonnen abgewandten Seite obendrein gar keck modellierbar.

Meine Mutter, um mit dem Thema Hüte fort zu fahren, hatte für mich von Anfang an eine ganz bestimmte Kopfbedeckung im Sinn, und sie tat alles, was in ihren Kräften stand, um mich dem fernen Ziel zuzuführen, nämlich einer Kopfbedeckung, wie sie Herren des geistlichen Standes damals trugen. Das war also mindestens ein schwarzes oder gar lilafarbenes Barett, vielleicht dachte sie aber auch an die **Mitra**

eines Bischofs oder Kardinals, ja ich bin fast sicher, dass sie selbst vor der Tiara des Papstes nicht zurückgeschreckt wäre, wo sie doch selbst von meinem Vater gelegentlich *Päpstin Johanna* tituliert wurde. Dass unter diesen Vorzeichen meine Jugend nicht ganz stressfrei verlief, lässt sich denken. Denn für mich war mit diesem mütterlichen Herzenswunsch eine sehr intensive und oft auch recht anstrengende religiöse Erziehung verbunden.

Wann ich zum ersten mal ministrieren durfte, weiß ich leider nicht mehr; sicher ist aber, dass ich das so genannte Stufengebet *Confiteor* erst auf lateinisch beherrschte, bevor ich es auch auf deutsch – es war ja noch vor der Liturgie-Reform - aufsagen konnte; und sicher ist auch, dass meine manchmal schon peinliche Pünktlichkeit nicht nur ein Geschenk meines Sternzeichens Jungfrau sondern auch die Frucht früher Gewöhnung war. Dass die Eins in Religion eine selbstverständliche Pflicht war, versteht sich von selbst. Die häusliche Schulung brachte es darüber hinaus sogar fertig, dass ich in der dritten Klasse der Volksschule mit einer Note in Religion nachhause kam, die es offiziell gar nicht gab, nämlich mit einem "ausgezeichnet".

Auf dem Weg zu dem von meiner Mutter und anfangs auch von mir gewünschten Berufsziel *Geistlicher* absolvierte ich die ersten Stufen recht erfolgreich, was mir neben einem breitkrempigen **Pfadfinder-Hut** mit den Insignien des Stammfeldmeisters auch noch die mehrjährige Nebenbeschäftigung als Pfarrjugendführer in Solln eintrug. Immerhin lernte ich dabei schon einmal, mit mehreren Hüten gleichzeitig zu jonglieren, was für das spätere Rollenspiel von nicht zu unterschätzender Bedeutung war. Was die angestrebten „geistlichen Hüte“ angeht, so wurde nichts daraus; lediglich als ich bei einer Firmung für kurze Zeit die Mitra des Bischofs halten durfte, war ich dem Traum meiner Mutter wenigstens für einige Minuten nahe gekommen.

Später stellte ich – sicher zu ihrer großen Enttäuschung – fest, dass keiner der geistlichen Hüte für mich erstrebenswert war.
Also: kein Barett, oder auf fränkisch: ka Barett. Darauf wird noch zurück zu kommen sein.

Zu meiner Hut-Sammlung gehören auch einige Hüte, die ausgesprochene Traum-Hüte blieben.
Schon in früher Kindheit war ich ungeheuer fasziniert von der Welt des Zirkus. Es waren dabei weniger die artistischen Leistungen, die es mir besondert angetan hatten, sondern eher das, was ich als zirzensische Kleinkunst bezeichnen möchte: die Clowns und die Jongleure. In meinen Augen konnte es überhaupt nichts Schöneres geben, als die Menschen zum Lachen zu bringen, ja, dass sie sogar Tränen lachten! Da lief dann immer eine Gänsehaut über meinen Rücken. Solche seltenen Momente in unserem Gefühlsleben, wo die Polaritäten wie Lachen und Weinen in eins zusammenfließen, erscheinen mir auch heute noch als ganz große Kostbarkeiten.
So träumte ich denn davon, es den Clowns nachzutun und ich hätte gerne die **Kappe des dummen August** getragen. Mein Traum endete allerdings kläglich: bei einem Kinderfasching sah ich meine große Chance, in die Rolle eines Clowns zu schlüpfen. Ich hatte mir für meinen Auftritt auch etwas ganz Tolles ausgedacht: ich wollte mit einem Purzelbaum mitten unter die anderen Kinder hineinpurzeln! Es fehlte auch nicht an mangelnder Technik, aber ich hatte mir nicht überlegt, dass ich dazu zuerst meinen spitzen Kasperl-Hut abnehmen, dann den Purzelbaum machen und anschließend den Hut wieder aufsetzen musste. So war der Erfolg meiner tollen Vorführung niederschmetternd, denn der erhoffte Beifall blieb aus und der Traum vom wunderbaren Lachen der Menschen, das ich als dummer August hervorbringen wollte, war jäh zerplatzt. Einen weiteren Versuch in dieser

Richtung hat es auch nicht gegeben, wenn ich einmal vom gelegentlichen Kasperl-Theater-Spielen absehe.
Aber in einer Disziplin fühle ich mich der Welt des Zirkus besonders zugehörig: der *Jonglage*, ein Wort, das allein schon auf der Zunge zerschmilzt. Zwar habe ich es nie mit Bällen oder Keulen versucht, aber mit Worten zu jonglieren dünkt mir manchmal genauso schön. Und als Wort-Jongleur sehe ich auch noch eine kleine Zukunft vor mir. Dabei stellt sich allerdings die Frage, welche Art von Hut dazu passt; doch stellen wir diese Frage vorläufig noch zurück.

Von dieser Sorte der Wunsch-Hüte gab es noch mehrere. So hätte ich z.B. für einen anderen Spitzhut in der Zeit, als unsere Kinder noch klein waren, viel gegeben, wenn er irgendwo zu bekommen gewesen wäre: für einen **Zauber-Hut**. Alle Wünsche erfüllen zu können, nebenbei auch noch der große Zampano zu sein, das wäre mein Traum gewesen. Und ich beneide noch heute den großen Thomas Mann, der von seinen Kindern bekanntlich „der Zauberer“ genannt wurde. Mein Wunsch, zaubern zu können, hat in der Figur des Zauberers Hokuspokus in meinem Film zur Hochzeit von Claudia und Ingo einen bescheidenen Niederschlag gefunden.

Von einer anderen Hut-Gruppe – ich möchte sie die 5-Minutenhüte nennen – will ich zwei ganz besondere herausgreifen. Der eine war ein goldglänzender **Feuerwehrhelm**; man hätte ihn auch als Helm eines römischen Feldherrn bezeichnen können, aber auf einer Laienspielbühne nahm man das nicht so genau. Er wurde jedenfalls zum Helm des Heiligen Florian erklärt, den ich in dem Stück *Das Wunder des Heiligen Florian* zu spielen hatte. Normalerweise pflegt der Heilige natürlich nicht persönlich aufzutreten, da er ja in der Regel aus Gips oder Holz ist. Das Wunder aber geschah: die Floriansstatue, die sich der habgierige Scharrerbauer auf nächtlichem Diebeszug gerade aneignen wollte, wurde in diesem Moment tatsächlich lebendig – was mein Verdienst war – und kippte den Inhalt seines Löscheimers in vollem Schwung über den zu Tode erschreckten Scharrerbauer. Und damit die ihm erteilte Lehre möglichst nachhaltig sei, war in dem Stück vorgesehen, dass der Eimer mit Jauche gefüllt sein sollte, doch diese Vorgabe wurde zu meinem Bedauern gestrichen.

Der andere 5-Minuten-Hut war mit Sicherheit der teuerste, der sich je auf meinem Kopf befand. Es war ein **bayerischer Trachten-Hut** mit einem wahren Prunkstück an Gamsbart darauf. Doch das war nicht der Grund, warum mir der Hut so teuer zu stehen kam; er war mir ja auch nur für gerade mal fünf Minuten geliehen, so lange eben, wie eine Trachtenkapelle braucht, um den *Bayerischen Defiliermarsch* zu intonieren. Es war vor etwa 40 Jahren beim Münchner Oktoberfest. Zu meiner maßlosen Verblüffung hörte ich plötzlich eine Ansage des Lautsprechers. *Es dirigiert jetzt für Sie Herr Direktor Hermann Fischer von Siemens.* Da die 2-3 Stunden davor keineswegs maß-los vergangen waren, nahm ich es widerstandslos hin, dass man mich auf die Bühne schleppte, mir einen Taktstock in die Hand und besagten Trachten-Hut auf den Kopf drückte. Jetzt zahlte es sich aus, dass ich so einigermaßen gelernt hatte, in jeder Situation meinen Mann, ja wenn es Not tat auch meine Frau zu stehen. Also spielte ich den Dirigenten. Die Fotos, die mein Agieren recht gut dokumentieren, zeigen mich denn auch sehr engagiert: Die Kapelle war davon, soweit ich mich erinnere, absolut unbeeindruckt und spielte ihren Stiefel herunter, als ob es mich gar nicht gäbe, und auch die Lautstärke im Festzelt hatte sicher nichts mit meiner Darbietung zu tun; lediglich aus der Ecke, in der ich den Siemens-Tisch vermutete, kam kräftiger Beifall, als ich meine Bemühungen ziemlich gleichzeitig mit dem Ende des

Stücks einstellte.
Meine Kollegen und Kolleginnen hatten also meinen unfreiwilligen Auftritt organisiert und auch finanziert, was ich aber natürlich nicht wusste und so die Kapelle noch einmal zusätzlich standesgemäß honorierte, wie es mir für einen Siemens-Direktor richtig erschien, nur war ich damals leider noch ein Riesen-Stück davon entfernt, ja ich dachte auch in meinen kühnsten Träumen nicht daran, dass ich das überhaupt einmal werden könnte.
Dieser Hut hier ist, wie man deutlich sieht, kein richtiger Trachten-Hut, denn statt des Gamsbartes ziert ihn ein Rasierpinsel. Zugegeben, einen echten Gamsbart aufzutreiben, war mir leider nicht möglich. Aber es steckt auch Absicht dahinter, denn der Rasierpinsel verdeutlicht m.E. recht gut den Sachverhalt, den meine Marianne wohl meint, wenn sie mich einen *eingebildeten Pinsel nennt.*

Dagegen sind andere ganz real vorzeigbare Hüte eher etwas unattraktiv und auch schon weidlich abgetragen, so etwa die **Kapitänsmütze** und der **Südwester,** die für viele Jahre stehen, in denen ich meinem schönsten Hobby nachgehen durfte. Wie viel mir das Segeln bedeutete, geht aus einer ziemlich frivolen Bemerkung hervor, die ich so in meinen zwanziger Jahren gerne in Diskussionen zum Thema *Weiterleben nach dem Tod* einstreute: *wenn man im Himmel nicht segeln kann, dann bin auch nicht daran interessiert, hineinzukommen.*
Nun hat auch die Kapitänsmütze inzwischen ausgedient, jedenfalls für mich, und ich kann sie leichten Herzens weitergeben. Jakob, Du sollst sie bekommen, habe viel Freude am Segeln, so wie Dein Vater und Dein Großvater.
Nicht viel besser steht es auch um die **Kochmütze**, die mir meine Crew zum 60sten dediziert hat, und die ich gelegentlich zu Angabezwecken auf dem Schiff getragen habe. Auch sie hat weitgehend aus-

gedient, denn inzwischen heißt ja unsere neue Devise: es reicht auch Käse und Wein, wenn man sich nur überhaupt im Freundeskreis weiterhin trifft, wozu ich meinen Teil gern beisteuern will. So langsam stellt sich ja für uns alle die provozierende Frage: Wie entsorgt man all die angesammelten nostalgischen Überbleibsel? Ich meine, für den Müll sind sie noch zu schade!

Eine besondere Stelle nimmt in der Hutologie der **Zylinder** ein, der früher bei offiziellen Anlässen wie Hochzeiten, Beerdigungen usw. nicht wegzudenken war, und der vielleicht auch deshalb im Volksmund „Angströhre“ genannt wurde.
Bei unserer Hochzeit, nur eine oder zwei Generationen später wäre der Bräutigam, wenn er einen Zylinder getragen hätte, ganz fürchterlich ausgelacht worden, da war dann schon jede Kopfbedeckung tabu; lediglich eine Haube hat noch eine ganz kleine Rolle gespielt, unter die meine Marianne bei dieser Gelegenheit gekommen ist.
Eine gewisse Beliebtheit hat sich der Zylinder aber auf einem Nebenkriegsschauplatz erhalten: im Fasching und auf den Brettern, die die Welt bedeuten, ganz besonders im Kabarett.
Nun, da sind wir wieder bei dem Stichwort, das vorhin schon einmal im Zusammenhang mit den „geistlichen Hüten“ gefallen ist.
Dieser letzte Hut meiner Sammlung, der Zylinder mit Rose, dürfte manchem von Euch bekannt vorkommen, denn er hat schon bei so ein paar Gelegenheiten Verwendung gefunden. Für mich ist er ein Symbol für die literarische Kleinkunst, und das genau ist die deutsche Bezeichnung für Kabarett. Ihn möchte ich vorläufig noch nicht an den Nagel hängen, wozu ich mir natürlich Euren Beifall erhoffe. Vielleicht ist er ja bei künftigen Treffen, etwa unter dem Motto *Litera- und Käsetour* noch von Nutzen.
Und damit eröffne ich jetzt das Käsebuffet.

Tödliches Gift

Berührung mit dem Über-Sinnlichen

Es ist jetzt kurz nach 22 Uhr. Alles, was man überhaupt noch für mich tun konnte, ist getan. Ich liege jetzt in der Intensivstation der toxikologischen Abteilung im Krankenhaus rechts der Isar und habe Zeit über mich und meine Situation nachzudenken. Und neben mir liegt meine Frau, die ich ungewollt in den ganzen Schlamassel hineingezogen habe. Für uns Beide gilt, was Prof. Zilker, der als der „deutsche Giftpapst" bezeichnet wird, zu uns gesagt hatte, nachdem er uns mit seinen Mannen zehn Stunden lang gründlich durch die Mangel gedreht hatte: erst in etwa zwei bis drei Tagen könne er sagen, ob wir mit dem Leben davon kommen werden…

Dieser Tag, Freitag der 1. September 1989 war, was die äußeren Ereignisse, vor allem aber auch die innere Dramatik angeht, ohne Zweifel der schlimmste meines Lebens. Es war damit losgegangen, dass ich durch laute Hilferufe meiner Frau aus der Badewanne gerissen wurde: sie klagte über heftiges Unwohlsein und Durchfall. Noch während ich den Bademantel anzog, begann bei ihr das Erbrechen, heftig und schier endlos.
Auch ich war schon mit starken Magenkrämpfen aufgewacht, die aber im warmen Badewasser wieder abgeklungen waren. So half ich ihr so gut ich eben konnte. Genau so eruptiv wie das Erbrechen waren die Durchfälle, die jetzt auch bei mir einsetzten. Und wir hatten nur eine Toilette. Das zog sich etwa über zwei Stunden hin.
Gegen 9.30 Uhr rief ich im Büro an und sagte, dass ich vorläufig nicht

kommen könne.

Die Anzeichen waren eigentlich klar: wir hatten am Abend davor Pilze gegessen, und zwar von mir selbst gesammelte. Und in meiner kleinen Ausbeute war ein Pilz, dem ich etwas misstraut hatte, weil er seine Kappe noch nicht entfaltet hatte und statt eines Waldchampignons auch ein giftiger Satanspilz gewesen sein konnte. Nur der konnte eigentlich an dem Desaster schuld sein.
Unsere Freundin Christa, Ärztin und Anästhesistin, die wir als erste um Rat fragten, empfahl Nux Vomica, also Homöopathie und noch etwas anderes, was unser hilfsbereiter Untermieter aber in der Apotheke nicht gleich bekam. Ich nahm mir inzwischen mein dickes Pilzbuch vor, um den verdächtigen Pilz noch im Nachhinein zu identifizieren; beim Suchen stolperte ich mehr zufällig über die anderen Pilze, die ich ebenfalls gefunden und als Anis-Champignons mitgenommen hatte, und da fiel es mir buchstäblich wie Schuppen von den Augen:
Knollenblätterpilz, tödliches Gift.
Es waren fünf oder sechs Stück gewesen, mittelgroß, schön gewachsen und auffallend weiß. Sie waren am Wiesenrand, etwas außerhalb des Waldes gestanden und von mir mit dem Messer abgeschnitten worden, was ich mir erst vor kurzem angewöhnt hatte, um das Pilz-Myzel zu schonen. So habe ich auch nicht die verräterische Knolle am Fuß des Pilzes gesehen, die eben das besondere Charakteristikum des Knollenblätterpilzes ist. Und offenbar war mir auf unerklärliche Weise das grundsätzlich vorhandene Wissen abhanden gekommen, dass es neben dem grünen Knollenblätterpilz auch noch den weißen gibt, der leicht mit dem Anis-Champignon verwechselt werden kann.

Seit meiner Kindheit sammle ich leidenschaftlich gern Pilze, zu der damaligen Zeit also schon seit etwa fünfzig Jahren, und ich hätte mich ohne Zögern zu den Pilzkennern gezählt. Im zweiten Weltkrieg und den Hungerjahren danach war das Pilze-Sammeln ja eine der wenigen Überlebensstrategien gewesen, die uns die Natur anbot. Und da wir in Steinebach von unserem Wochenend- und Ferienhaus aus nur wenige Minuten bis zum Wald zu gehen hatten, kannten wir die Stellen recht gut, wo wir fündig werden konnten. Allerdings war mir bisher kein leibhaftiger Knollenblätterpilz unter gekommen. Bis dahin!

Trotzdem wird vermutlich jeder Pilzkenner sagen, dass es schlicht unverzeihlich ist, diesen tödlichen Giftpilz nicht zu erkennen; ich übrigens eingeschlossen. Gewiss, ich kann zu meiner Verteidigung anbringen, dass er absolut unverdächtig aussah, weder in der Farbe (strahlendes Weiß), noch im Geruch (ohne), und ohne Makel von Tierverbiss, Schneckenfraß oder Verwurmung. Man könnte durchaus Anhänger der These werden, dass es schon besonders verdächtig ist, wenn jemand oder etwas sich allzu sehr Mühe gibt, unverdächtig zu erscheinen.

Es bleibt aber auch noch eine andere These: dass ich nichts sehen und erkennen sollte, dass mir die Augen „gehalten waren", wie man das früher wohl umschrieben hat. Die Knollenblätterpilze wären dann für mich bzw. uns als Schicksal gesetzt gewesen. So etwa nach dem Motto: alles hat seinen Sinn, Zufälle gibt es nicht. Alles Quatsch! Hätte ich normalerweise dazu gesagt, aber auf der Intensivstation, wo ich ständig auf das unvermeidliche Erbrechen der gewaltsam eingeführten Mischung von Kohle und Glaubersalz wartete, drehte sich das Gedanken- Karussell immer schneller und wahnwitziger, so dass ich gar nichts mehr ausschließen wollte. Der Fortgang der Geschichte mag zeigen, ob an ihr vielleicht ein übersinnlicher Hintergrund erkennbar wird, sich also noch andere Anhaltspunkte ergeben, die diese These stützen und den Anfangsverdacht erhärten. Allerdings liegt es wohl in der Sache, dass wirklich harte Fakten auf diesem Terrain nicht erwartet werden dürfen. Andererseits habe ich in meinem Leben immer wieder lernen müssen, dass das, was unsere Sinne zu erfassen im Stande sind, eben nicht die Wirklichkeit ist. Das heißt aber auch, dass es jenseits der von den Sinnen übermittelten Wirklichkeit noch eine andere (im Wortsinn: über-sinnliche) Wirklichkeit gibt, auf die zu stoßen nicht so unwahrscheinlich ist, wie es unser andressiertes lineares Denken uns immer einreden will.

Wenn man nun die Absicht hat, ein Erlebnis, noch dazu ein so tiefgreifendes wie es dieses *Russische Roulett mit ungewissem Ausgang* darstellte, in die vordergründige Normalität einzupassen, sollte man es nicht nur als eines von vielen Puzzleteile für sich sehen, sondern muss es als Teil eines größeren Ganzen zu betrachten versuchen. Deshalb ist es unvermeidlich, etwas weiter auszuholen.

Etwa eine Woche vor unserem verhängnisvollen Pilzessen hatte mich eine kleine Sommergrippe befallen; ich lag mit leichtem Fieber und weniger leichten Kopfschmerzen einige Tage flach. Da sich der Griff zum Buch deshalb von selbst verbat, legte ich eine Kassette ein mit einem Vortrag, den mir eine Cousine vor einiger Zeit geschickt hatte mit der Bemerkung, dass sie mein Leben verändern werde. Nun, zu einer solchen Veränderung sah ich eigentlich keinen Anlass; also legte ich sie erst einmal auf die Seite und vergaß sie. Jetzt hatte ich also Zeit, und da wollte ich halt einmal reinhören, um wenigstens sagen zu können, dass ich mich damit beschäftigt hätte. Da ich die Kassette noch besitze, kann ich auch den Verfasser und den Titel wiedergeben: *E. Flöther, Autorität und Freiheit*. Wochen später, als ich nach meiner Genesung meiner Cousine von dem Vorgefallenen berichtete, schrieb ich, dass mir der Vortrag über die Anrufung dieses Herrn Flöther

durch Christus ziemlich akademisch vorgekommen war, aber immerhin sein letzter Satz bei mir hängen geblieben war:
Christus will uns ein neues Leben schenken.
Da hing er nun, etwas salopp gesagt, in der Luft, dieser Satz, zunächst ziemlich wertlos und sehr blass. Allenfalls Ratlosigkeit stellte sich ein: wie ist das, wenn Gott zu einem spricht? Und vielleicht auch ein bisschen Neid.

Dann kam wieder einmal mein Bibliotheksengel ins Spiel. So nenne ich den seltsamen Vorgang, wenn mir von irgendwoher zur richtigen Zeit das richtige Buch in die Hand gespielt wird. Diesmal war es ein Buch, das ich schon vor vielen Jahren einmal gelesen hatte und an das ich als eine sehr anrührende Geschichte eine gute Erinnerung hatte: *Negri, der kleine Gott.* Als ich es nun wieder las, kam mir mit bestürzender Klarheit zum Bewusstsein, wie sehr der Wurzelbereich meiner Existenz langsam vertrocknet war, wie mein Leben nur noch routiniert in äußeren Bahnen verlief, dafür aber mir die Verbindung zu Gott, die für mich als Kind so wichtig gewesen war, weitgehend und fast unbemerkt abhanden gekommen war. Es wurde mir klar, warum meine frühere Sicherheit und Gelassenheit geschwunden waren und oft Gereiztheit, ja Aggression an ihre Stelle getreten waren. Diese Erkenntnis warf mich und mein Selbstbewusstsein erst einmal ganz schön aus der Bahn!

Mitten in dieser plötzlich entstandenen Leere und inneren Zerrissenheit ereignete sich dann die Pilzgeschichte.

In den vier Tagen, die Marianne und ich auf der Intensiv-Station lagen, vor allem in den ersten beiden, wo es vor allem für mich noch recht hoffnungslos aussah und man schon von einer Leber-

Transplantation als letzte Chance sprach, entstand ein Gedicht, das meinen damaligen Gefühlen wie ich glaube ganz gut Ausdruck verleiht:

Versuch einer Ortsbestimmung

Zweifellos, die Gipfel liegen hinter mir,
talwärts führt ab jetzt der Weg.
Längst schon stand die Sonne im Zenit,
deutlich länger werden jetzt die Schatten.

Außer Atem schau ich um mich:
Wer gibt mir die neue Richtung?
Ist der vielfach abgelenkten
Kompassnadel noch zu trauen?

Das Gespür für inn're Lenkung
Fiel der Unrast längst zum Opfer.
In der scheinbar sich'ren Festung
Werden immer größ're Breschen sichtbar.

Träume lassen leicht sich dechiffrieren:
Katapult mit aufschlaglosem freien Fall;
Flugzeugabsturz, immer näher;
Splittereinschlag, keine Deckung.

Gegenwart bleibt blass und ungelebt,
Ist vom Nachher in die Pflicht genommen.
Hektik lenkt die nächsten Schritte.

Inn're Leere wird nur schlecht kaschiert.

Schürfversuche nach dem Ich-Gefühl.
Stimulans und Droge: Schmerz.
Selbstbetrug für Augenblicke,
Rückzug Richtung Schneckenhaus.

Wie soll ich die Richtung finden?

Mit meiner Ankunft in der Klinik geschah etwas ganz Unerwartetes, Verwunderliches: es kam eine unerschütterliche Sicherheit über mich, dass ich nichts zu befürchten hätte, dass alles gut ausgehen würde, trotz meiner dramatisch ansteigenden Werte. Ich spürte fast körperlich eine schützende Hand über mir.
Bei Marianne hatten die Leberwerte erst gar nicht den lebensbedrohlichen Bereich erreicht, die „Entwarnung" kam bei ihr auch schon am Abend des zweiten Tages; bei mir sah es dagegen weiter sehr bedenklich aus, was ich vor allem an dem ernsten Gesicht von Prof. Zilker und seiner Einsilbigkeit ablesen konnte.

In der sogenannten Wachstation war ich, wie ich meine, Tag und Nacht hellwach. Mit mir und meiner Frau waren wohl zehn Personen in dem mit tickenden, summenden und blinkenden elektronischen Geräten voll gestellten Raum. Bald kannte ich meine Leidensgenossen alle, zumindest ihren Namen und den Grund ihrer Einlieferung. Da war Armin, ein junger Bäcker, mit Tablettenvergiftung; Klaus mit Heroinvergiftung; Betty, eine 77jährige, mit Tablettenvergiftung; Frau H. mit Tablettenvergiftung; Brian, ein amerikanischer Soldat mit einem Schlangenbiss; Dagmar, ein junges Mädchen, ebenfalls Tablettenvergiftung. Mein Herz füllte sich mit Mitleid mit all diesen Men-

schen, die als „unvollendete“ Selbstmörder jetzt nur noch ein klägliches Häufchen Elend darstellten.
Auch die Namen der Schwestern und Pfleger habe ich in den Tagen danach, als ich über die Geschehnisse ein nachträgliches Protokoll zu führen begann, notiert.
Besuchen durften uns in der Intensivstation nur unsere Kinder, die natürlich sehr besorgt waren.
Und dann tauchten in meinen Gedanken die Toten auf: zunächst die Eltern, dann die verstorbenen Kollegen und Mitarbeiter, unter ihnen nicht selten auch freiwillig aus dem Leben geschiedene Desperados, die nun des Nachts meine Gesellschaft suchten. War es vielleicht auch nur eine Art Ablenkungsmanöver, das ich betrieb, um mich selbst gegen meine Angst zu wehren? Nein, ich bleibe dabei: ich hatte keine Angst, ich fühlte mich sicher.
Übrigens hatten wir beide nicht zu leiden, wenn man von den anfänglichen Torturen absieht. Man war nicht zimperlich mit uns umgegangen, wir wurden in den zehn Stunden seit unserer Ankunft buchstäblich auf den Kopf gestellt. Allein das Magenauspumpen kann eigentlich nur als ein höherer Grad von Folter bezeichnet werden, die anschließende Blutwäsche und das Legen verschiedener Sonden waren auch nicht gerade angenehm; am schlimmsten waren aber die Durchfälle und die Darmkoliken. Doch das Gehirn funktionierte so klar wie selten.

So erlebte ich minutiös noch einmal die Szenen unserer anfänglichen Verzweiflung nach der sozusagen aus heiterem Himmel kommenden Erkenntnis, plötzlich auf Seite eins der Todeskandidaten-Liste zu stehen. Mein Segelfreund Peter F., der auch mein Internist war, hatte nach meinem telefonischen Notruf unser Rettungsmanöver eingeleitet. Bei unserer Ankunft im Krankenhaus war schon alles vorbereitet.

Freund Wilhelm M., mit dem wir eigentlich am Wochenende zu einem Segeltörn um Sizilien aufbrechen wollten, hatte ich gebeten, uns so schnell wie möglich mit unseren Wagen in die Klinik zu bringen; allerdings war sein „so schnell wie möglich" für mich nicht schnell genug. Voller Ungeduld setzte ich mich selbst trotz heftiger Schweißausbrüche ans Steuer. Gelbe Ampeln habe ich einfach negiert, rote allerdings doch wohl nicht, obwohl mir danach gewesen ist. Angst ist eben immer ein schlechter Ratgeber. Es ging ja für uns Beide um Minuten, denn die Pilze, das wussten wir inzwischen, sind wirklich tödlich, wenn man nicht innerhalb von zwanzig Stunden ein entsprechend ausgestattetes Krankenhaus erreicht - achtzehn Stunden waren da schon verstrichen. Aber die hasardeske Fahrt ging glücklicherweise gut und ich konnte die Verantwortung für unser Leben an Prof. Zilker abgeben. Meine Panik hatte damit ein Ende.
Drei Tage später kam Prof. Zilker „mit Schwanz": große Visite. Und er kam mit der erlösenden Nachricht, dass nun auch ich nicht mehr in Lebensgefahr sei und dass das Behandlungsprogramm abgebrochen werden könne. Zwei Stunden später wurden wir auf Normalstation verlegt, allerdings getrennt voneinander.
Irgendwie war uns schon nach Osternachtstimmung, nach der Freude des *„er ist wahrhaft auferstanden"*, wenngleich wir ja nicht so ganz in Todesnähe gewesen waren oder richtiger, uns nicht so gefühlt hatten. Immerhin hatte ich jetzt das ziemlich unangebrachte Gefühl, etwas geleistet zu haben, vielleicht gar ein Held zu sein. Dabei hatten wir vor allem Glück gehabt, dass wir innerhalb der Karenzzeit an die beste Adresse gelangten, die bei solchen Fällen noch Hilfe bringen kann.

Damit könnte nun auch meine Geschichte zu Ende sein. Aber eigentlich fängt sie hier erst an, zumindest ihr zweiter Teil, die Aufarbeitung des Geschehenen, die Frage nach dem *Warum.*

Nach einer Woche waren wir von der Klinik rechts der Isar in das Harlachinger Krankenhaus, Abteilung für Naturheilkunde, verlegt worden, um uns dort wieder auf die Beine zu bringen , auf denen wir uns zur Zeit kaum halten konnten. Das Leben hatte uns also wieder, wenn wir auch sehr angeschlagen waren.

Die Erholung begann mit viel Schlaf, vegetarischem Essen, kleinen Spaziergängen und vielem Lesen.

Was liest man nach so einer „Nahtoderfahrung“, wie ich sie einmal nennen möchte?

Auf der literarischen Speisekarte standen *Wind, Sand und Sterne (Exupery), Haben und Sein (Staehelin), Hallo, Mister Gott (unbekannter Verfasser), Vom Schmerz und von der Krankheit (Goebel), Der Pfad der Heilung (Challoner)* und *Physik und Transzendenz (Dürr).* Außerdem die Bibel. In der ersten Messe in der Kapelle des Krankenhauses brachte die Lesung die Geschichte vom goldenen Kalb (Buch Exodus, 32) und das Evangelium die Gleichnisse vom verlorenen Schaf und von der verlorenen Münze (Lukas 15, 1-32). Alles also durchaus passend, aber doch keine wirklichen Hinweise auf das *Warum.*

Warum war ich überhaupt als Rekonvaleszent nach der kleinen Grippe in den Wald gegangen? Einen Erholungsspaziergang solle ich machen, hatte mir meine Ärztin geraten, doch so etwas habe ich nicht gelernt, bei mir gab es derartiges allenfalls in Verbindung mit einem nützlichen Tun wie etwa dem Sammeln von Pilzen; an ihnen kann ich nun einmal nicht vorbeigehen.

Allerdings hatte sich meine Sammelleidenschaft in den Jahren erheblich verändert. Hatte man in den Kriegs- und Nachkriegszeiten so ziemlich alles mitgenommen, was an Essbarem zu finden war, standen jetzt eigentlich nur noch die Edelpilze auf der Speisekarte: Steinpilze,

Pfifferlinge, vielleicht noch Maronen und Birkenpilze. Champignons dagegen verschmähte ich in der Regel, weil ich ihre schleimig weiche Konsistenz nicht mag. Warum habe ich diese dann doch genommen, obwohl sie gar nicht nach Anis dufteten?
Warum waren die verdächtigen Anzeichen der Giftigkeit nicht bis in mein Bewusstsein durchgedrungen? Eigentlich war meine Devise doch immer gewesen: im Zweifel nie!
Aber da war eben auch der Hochmut, der ja bekanntlich vor dem Fall kommt, der Hochmut des „so etwas kann mir doch nicht passieren!“ So eine Art Glaube an die eigene Unfehlbarkeit, der sich im Laufe des Lebens einstellt, wenn immer alles gut geht.
Bedarf es nicht in solchen Situationen des berühmten „Schuss vor den Bug“, der einen zum Nachdenken und vielleicht auch zum Umdenken zwingt?

Aber es ging nicht nur um ein Umdenken, es ging auch um ein „Darüber-Hinaus- Denken“, wobei ich mir durchaus bewusst bin, dass „Denken“ da nicht das richtige Wort ist, dass es sich eher um eine Erfahrung handelt, die man durchaus auch als eine „mystische“ nennen kann. Vielleicht wird der eine oder andere Leser meinen Bericht als Folge des Drogenkonsums abtun, der unsere Pilzmahlzeit ja zweifellos auch gewesen ist. Ich selbst habe, ebenso wie meine Frau, nie mit Drogen experimentiert, aber einiges darüber gelesen. Jedenfalls stellte sich bei mir vor allem in den Nächten in der Wachstation ein überwacher, ich möchte sagen hellsichtiger Zustand ein, der mich in bisher unbekannter Weise mit anderen Menschen verband, in einem Gefühl der Zusammengehörigkeit, Teil eines größeren Ganzen zu sein. Besonders spürbar war das, wenn Schwester Adelheid, der „Nachtengel“ in der Nähe war, was ja noch einigermaßen verständlich sein mag, aber auch mit dem Fahrer des Milchtransporters, den ich ja nicht einmal sah sondern nur an dem Klappern der Milchkannen identifizieren konnte, verband mich plötzlich das überwältigende Gefühl, sein Bruder zu sein. Seither ist mir die Aussage der Mystiker nicht mehr fremd, dass wir auf einer höheren Ebene Teile eines großen Ganzen sind.

Einige Jahre später habe ich für diese zunächst nur phantastisch zu nennende Erfahrung ein kongruentes Bild geliefert bekommen, das ich ausführlicher in meinem Buch *„Den Wind in der Hand*" beschrieben habe. Es war bei einem Tauchgang anlässlich eines Segeltörns in der Karibik. Da begegnete mir ein Gebilde aus kleinen Fischen, vielleicht alle so etwa zehn Zentimeter groß, die zusammen ein scheinbar eigenständiges neues Lebewesen bildeten, das etwa die Größe eines oder vielleicht auch mehrerer Elefanten erreichte. Und es bewegte sich in absoluter Harmonie und Gleichzeitigkeit, wie von einem Dompteur gelenkt, in diese und jene Richtung. Ob es uns Menschen auch einmal möglich sein wird, mit unseren Artgenossen in solcher Harmonie zu koexistieren? Immerhin haben wir die Bühne dieses Planeten ja viele Millionen Jahre später betreten als die Fische und stecken ihnen gegenüber wohl noch in den Kinderschuhen unserer weiteren Entwicklung. Für mich als unheilbar an Harmoniesucht Leidenden ist jedenfalls schon die Vorstellung, zu einer solchen evolutionären Entwicklung einen ganz kleinen Teil beitragen zu können, ungemein befriedigend und erhebend.

Und außerdem hing da ja auch noch der Satz des Herrn Flöther in der Luft: *Christus will Euch ein neues Leben geben,* mit dem ich erst so gar nichts anzufangen gewusst hatte.

Was bitte war damit gemeint, was sollte neu werden? Nicht nur Esoteriker sondern auch viele Ärzte sagen ja, dass jede Krankheit damit zu tun hat, etwas Unheiles heil zu machen, also letztlich im Leben etwas zu verändern, damit es wieder heil werde. Man muss diese Weisheit wohl noch nicht unbedingt dem Reich des Übersinnlichen zurechnen.

Ich möchte nun meinen Lesern nicht zumuten, den Prozess meiner geistigen oder gar seelischen Heilung zu verfolgen, sondern nur so viel sagen, dass ich das Krankenhaus als ein Anderer verlassen habe als der, der ich vorher war; es wäre ihnen vermutlich wenig damit gedient, wenn sie den sehr persönlichen Weg, den ich zu gehen hatte, nach vollziehen könnten. Das Ziel, so heißt es ja, i s t d e r W e g, und den muss jeder für sich allein finden.

Einen „Wink mit dem Zaunpfahl", so hätte das sicher meine Mutter genannt, will ich aber abschließend noch wiedergeben, um das Kapitel *Übersinnliches* zu Ende zu bringen.
Wenn ich in meinen Gedankengebäuden nicht mehr so recht ein und aus weiß, suche ich schon mal nach einem „Deus ex machina", also einer von außen (oder von oben) kommenden Lösung. Als ich also ziemlich ratlos vor der Frage stand, was nun in Richtung Änderung des bisherigen Weges zu entscheiden sei, wie *DAS NEUE LEBEN* aussehen könne, schlug ich aufs Geradewohl die Bibel auf, ohne allerdings ganz ernsthaft dort eine konkrete, handhabbare Antwort zu erwarten. Doch viel konkreter hätte diese dann eigentlich gar nicht ausfallen können; ich stieß sofort und unmittelbar auf den Vers 12 im 15. Kapitel des Johannes - Evangeliums:

Ich gebe Euch nur ein Gebot: liebet einander wie ich Euch geliebt habe!

Ebenfalls erhältlich im Re Di Roma-Verlag, im Buchhandel und bei Amazon.de:

MANFRIED FISCHER

Den Wind in der Hand

Seemanntische Erzählungen eines verhinderten Seemanns

ISBN 978-3-86870-346-7

In seinem Buch »Den Wind in der Hand« beschreibt der Autor sein Leben auf dem Wasser: Kindheit am See, die reichhaltigen Regatta-Erlebnisse und die in dreißig Jahren gesammelten Abenteuer bei Segel-Törns im Mittelmeer. In vielen amüsanten, manchmal auch dramatischen Geschichten bringt Manfried Fischer dem Leser das Erlebnis des Segelns als die »schönste Nebensache der Welt« näher. Das Buch ist weit mehr als ein nautischer Ratgeber zum »Nachsegeln«, es regt vielmehr zu einer bereichernden Lebensgestaltung an.

»Segeln«, so sagt er, »ist mehr als ein Hobby: Es ist ein großartiges Stück Leben mit allem, was es schön, spannend und reich macht.«